Kriegsnotrecht

für

Miet- und Pachtverhältnisse

Zugleich Ergänzungsheft zu Kiefersauer, Mieterschutzrecht 6. Auflage.

Erläutert von

Dr. Fritz Kiefersauer

1939

J. Schweitzer Verlag, Berlin und München

Kriegsnotrecht

für

Miet- und Pachtverhältnisse

Zugleich Ergänzungsheft zu Kiefersauer, Mieterschutzrecht 6. Auflage.

Erläutert von

Dr. Fritz Kiefersauer

1939

J. Schweitzer Verlag, Berlin und München

Druck von Dr. F. P. Datterer & Cie., Freising-München.

Inhaltsübersicht.

Einleitung.

I.

Durch die VO. über Kündigungsschutz für Miet- und Pachträume vom 28. August 1937 (RGBl. I S. 917) wurden der Reichsminister der Justiz und der Reichsarbeitsminister von dem Beauftragten für den Vierjahresplan u. a. ermächtigt

1. Bestimmungen über den Kündigungsschutz für Miet- und Pachträume zu erlassen und
2. die Vorschriften des Mieterschutzgesetzes vom 1. Juni 1923 zu ändern und zu ergänzen.

Diese Ermächtigungsverordnung gilt gemäß Verordnung des Beauftragten für den Vierjahresplan vom 31. August 1939 (RGBl. I S. 1602) auch in der Ostmark und im Reichsgau Sudetenland.

Auf Grund der Ermächtigung haben der Reichsminister der Justiz und der Reichsarbeitsminister aus Anlaß des Eintritts des Kriegszustandes mit Polen, England und Frankreich ein

Kriegsnotrecht für Miet- und Pachträume

geschaffen und zwar

für das Altreich durch die Dritte und Vierte Ausführungsverordnung zur Ermächtigungsverordnung vom 5. u. 26. Sept. 1939 (RGBl. I S. 1670, 1944),

für die Ostmark durch die Ausführungsverordnung vom 5. Sept. 1939 (RGBl. I S. 1671) und

für den Reichsgau Sudetenland und die in die Reichsgaue Niederdonau und Oberdonau eingegliederten sudetendeutschen Gebiete durch die Ausführungsverordnung vom 5. Sept. 1939 (RGBl. I S. 1673).

Die grundsätzliche Änderung, die die Dritte Ausf.-VO. gegenüber dem bisher im Altreich bestehenden Rechtszustand gebracht hat, besteht darin, daß mit Wirkung vom 7. September 1939 an

1. der Geltungsbereich des Mieterschutzgesetzes eine über den ursprünglichen Rechtsinhalt des Gesetzes vom 1. Juni 1923 selbst und der Ersten AusfVO. vom 4. Dez. 1937 hinausgehende Ausdehnung erfahren hat, daß
2. die Grundsätze des Mieterschutzgesetzes, soweit sie in den §§ 1—35 niedergelegt sind, und die Vorschriften der Dritten AusfVO. auf Pachtverhältnisse und Unterpachtverhältnisse für Räume für anwendbar erklärt worden sind und daß
3. die sog. Kündigungsschutzverordnung des Reichskommissars für die Preisbildung vom 19. April 1939 samt den dazu erlassenen Durchführungsbestimmungen bis auf weiteres außer Kraft getreten ist.

Der Geltungsbereich des Reichsmietengesetzes — Ausnahmevorschrift des § 16 RMG. — hat keine Ausdehnung erfahren, Kiefersauer, Reichsmietengesetz 6. Aufl. S. 54.

II.

Die Umgestaltung des im Altreich geltenden Mieterschutzrechtes soll zunächst an den einzelnen Vorschriften des **Mieterschutzgesetzes** selbst ersichtlich gemacht werden.

1. **§ 1** ist derzeit etwa in folgender Fassung anzuwenden:

§ 1.

(1) Mietverhältnisse über Gebäude oder Gebäudeteile können vom Vermieter unter den Voraussetzungen gekündigt werden, unter denen nach den **§§ 2, 3** und **4** dieses Gesetzes und **§ 4** der Ersten Ausführungsverordnung zur Kündigungsschutzverordnung auf Aufhebung eines Mietverhältnisses geklagt werden kann. Dem Vermieter steht gleich, wer nach dem Abschluß des Miet-

vertrages das Eigentum an dem Grundstück erwirbt. Für die Beendigung des gekündigten Mietverhältnisses gilt der § 5 Abs. 1 entsprechend.

(2) Ohne Vorliegen der im Abs. 1 bezeichneten Voraussetzungen kann der Vermieter die Beendigung eines Mietverhältnisses durch Kündigung nur in den Fällen herbeiführen, in denen es nach den **§§ 19 bis 23 a, §§ 21 bis 26, § 32** dieses Gesetzes sowie nach den §§ 1 bis 6 der Zweiten AusfV. KSchVO. für die Beendigung des Verhältnisses der Erhebung einer Aufhebungsklage nicht bedarf.

2. §§ 1 a bis 1 o unverändert.

3. **§ 1 p** dürfte etwa in folgender Fassung zur Anwendung zu bringen sein:

§ 1 p.

Außer durch Kündigung oder Zeitablauf (Unterabschnitt a) kann ein Mietverhältnis der im § 1 bezeichneten Art, vorbehaltlich der **§§ 19 bis 23 a, §§ 24 bis 26, § 32** dieses Gesetzes sowie der §§ 1 bis 6 der Zweiten AusfV. KSchVO., auf Verlangen des Vermieters nur im Wege der Klage durch gerichtliches Urteil aufgehoben werden. Die Aufhebung ist nur aus den in **§§ 2, 3** und **4** dieses Gesetzes sowie **§ 4** der Ersten AusfV. KSchVO. bezeichneten Gründen zulässig. § 1 Abs. 1 Satz 2 findet Anwendung.

4. §§ 2, 3 unverändert. Bei der Anwendung des § 3 MSchG. — Zahlungsverzug des Mieters — ist jedoch zu beachten, daß für Mieter, die durch die besonderen Verhältnisse der gegenwärtigen politischen Lage betroffen sind und durch die mittelbaren oder unmittelbaren Einwirkungen dieser Verhältnisse ohne ihr Verschulden gehindert sind, ihren nach dem 25. August 1939 fälligen Mietzins zu zahlen, die b e s o n d e r e n R e c h t s f o l g e n n i c h t e i n t r e t e n, die nach Gesetz oder Vertrag für den Fall der Nichterfüllung oder der nicht rechtzeitigen Erfüllung

vorgesehen sind, Artikel 9 der Verordnung über Maßnahmen auf dem Gebiete des bürgerlichen Streitverfahrens, der Zwangsvollstreckung, des Konkurses und des bürgerlichen Rechts vom 1. Sept. 1939 (RGBl. I S. 1656); dazu Epping DJ. 1939, 1487. Betroffen im Sinne des Art. 1 Abs. 1 der Verordnung vom 1. Sept. 1939 ist

1. wer Wehrmachtsangehöriger ist;
2. wer, ohne Wehrmachtsangehöriger zu sein, wegen der besonderen, aus der gegenwärtigen politischen Lage sich ergebenden Verhältnisse zu ständigen Dienstleistungen außerhalb seines regelmäßigen Aufenthaltsortes herangezogen wird;
3. wer wegen dieser besonderen Verhältnisse sich dienstlich im Ausland aufhält oder sich als Gefangener oder Geisel in fremder Gewalt befindet.

Die Anwendung des § 3 MSchG. wird durch die Verordnung über die Bewilligung von Zahlungsfristen in Rechtsstreitigkeiten vom 7. Okt. 1939 (RGBl. I S. 2004) beeinflußt, vgl. hierzu Staud. DJ. 1939, 1604. Hiernach kann, wenn der Viermieter aus einem vor dem 1. Sept. 1939 begründeten Mietverhältnis einen Anspruch auf Zinszahlung im Rechtsstreit geltend macht, das Prozeßgericht auf Antrag des Mieters eine Zahlungsfrist bis zur Dauer von drei Monaten bewilligen. Die Zahlungsfrist wirkt wie eine vom Gläubiger bewilligte Stundung (§ 1 Abs. 5), verhindert also den Eintritt des Zahlungsverzugs des Mieters, vgl. Kiefersauer, Mieterschutzrecht, 6. Aufl. S. 49.

5. § 4 ist zu ergänzen durch die §§ 4, 7 Dritte AusfV.

6. § 4a ist nicht anzuwenden, § 3 Dritte AusfV.

7. §§ 5 bis 18 unverändert. Bei der Anwendung des § 14 MSchG. ist zu beachten, daß die Berufung gegen das Mietaufhebungsurteil des Amtsgerichts (§ 7) an

das Oberlandesgericht geht. Auch über die sofortige Beschwerde entscheidet seit dem 28. Sept. 1939 nicht mehr das Landgericht, sondern der für die Berufung zuständige Senat des Oberlandesgerichts, vgl. 1 zu § 1 Vierte AusfV. KSchVO. Die Wertgrenze für die Zulässigkeit der sofortigen Beschwerde ist im Falle des § 99 Abs. 3, § 567 Abs. 2 ZPO. auf 200 *RM* erhöht, vgl. §§ 8, 9 der Verordnung über Maßnahmen auf dem Gebiete der Gerichtsverfassung und der Rechtspflege vom 1. Sept. 1939 (RGBl. I S. 1658). Das Verfahren vor dem Amtsgericht wird nach § 10 a. a. O. von diesem nach freiem Ermessen bestimmt; beliebige Gestaltung ist nicht gestattet, vgl. Staud. DJ. 1939, 1482 u. 1545. Wegen der Unterbrechung und Aussetzung des Mietaufhebungsverfahrens bei Beteiligung eines Wehrmachtangehörigen — vgl. oben Ziff. 4 —, der Bestellung von Prozeßvertretern und der Behandlung der nicht unterbrochenen oder ausgesetzten Prozesse vgl. Art. 1 bis 3 der Verordnung vom 1. Sept. 1939 (RGBl. I S. 1656), oben Ziff. 4.

8. **§ 19** wird ergänzt durch § 6 Dritte und § 3 Vierte AusfV.

9. §§ 20 bis 23 a (Werkwohnungen) bleiben unverändert. Die in den §§ 23, 23 a geforderten zeitlichen Voraussetzungen für den Erwerb oder die Anmietung des Gebäudes sind weggefallen; deshalb gelten diese Bestimmungen ohne Rücksicht darauf, in welchem Zeitpunkt der Betriebsinhaber das Gebäude erworben oder gemietet hat.

Wegen des besonderen Schutzes der zum Wehrdienst Einberufenen und der Dienstverpflichteten vgl. 9, 10 zu § 1 Dritte AusfV. KSchVO.

10. **§ 23 b** außer Kraft, § 1 Dritte AusfV. Für die Hausmeister- (Pförtner-) wohnungen gelten die besonderen Bestimmungen der §§ 20 bis 23 a für Werkwohnungen, da es sich um Räume handelt, die mit Rück-

sicht auf ein Dienst- oder Arbeitsverhältnis vermietet oder sonst zum Gebrauch überlassen sind. Der Wegfall des § 23 b bedeutet nicht, daß die Hausmeisterwohnungen nunmehr den vollen Mieterschutz wie andere Räume erhalten haben, Rexroth DJ. 1939, 1548; a. M. Uhrlandt GrundE. 1939, 783.

11. **§ 24** ist in dem durch § 2 Abs. 2 Dritte AusfV. beschränkten Umfang zur Anwendung zu bringen; die Regelung wird ergänzt durch die Vorschrift des § 5 Dritte AusfV.

12. **§ 25** ist unverändert anzuwenden, § 2 Abs. 1 Dritte AusfV.

13. §§ 26 bis 28 unverändert, insbesondere bleibt das dem Vermieter nach § 19 KO. zustehende Kündigungsrecht gemäß § 26 MSchG. aufrechterhalten.

14. **§ 32** ist in der Fassung des § 10 Zweite AusfV. zur Anwendung zu bringen.

15. **§ 32a, § 33, § 33a** außer Kraft, § 1 Dritte AusfV.

16. §§ 35 bis 49 b unverändert. Die Entscheidung über die Rechtsbeschwerde steht nach § 42 Abs. 2 MSchG. der Beschwerdestelle zu, die in der Besetzung von mindestens drei Richtern zu entscheiden hat. Diese Vorschrift gilt auch dann, wenn die Entscheidung über die Rechtsbeschwerde landesrechtlich der Zivilkammer des Landgerichts übertragen ist. § 5 der Verordnung über Maßnahmen auf dem Gebiete der Gerichtsverfassung und der Rechtspflege vom 1. Sept. 1939 (RGBl. I S. 1658) greift demgegenüber nicht durch. Soweit daher landesrechtlich — wie z. B. in Preußen durch § 5 PreußAusfVO. — die Zivilkammer des Landgerichts zur Entscheidung über die Rechtsbeschwerde berufen ist, entscheidet diese nicht in der Besetzung mit einem Richter. Auf Grund des § 44 der Rechtspflegeverordnung hat der Reichsjustizminister durch

AV. vom 30. Sept. 1939 — Deutsche Justiz S. 1582 — verordnet:

„An die Stelle der reichs- oder landesrechtlichen Ausführungsvorschriften zu § 42 MSchG., nach denen als Beschwerdestelle in Mieteinigungssachen das Landgericht oder eine Zivilkammer des Landgerichts entscheidet, tritt folgende Vorschrift:

Beschwerdestelle in Mieteinigungssachen ist das Landgericht. Es entscheidet in der Besetzung von drei Richtern. Der Landgerichtspräsident bestellt den Vorsitzenden und die Beisitzer sowie deren Stellvertreter aus der Zahl der Richter des Landgerichts.

§ 3 der bayer. AusfV. vom 28. April 1936 (GVBl. S. 77) bleibt unberührt." Vgl. hierzu Kiefersauer, Mieterschutzrecht, 6. Aufl. S. 136, 138.

17. **§ 52 Abs. 1**: Die Ermächtigung der Länder zur Einschränkung des Mieterschutzes ist derzeit durch § 1 Dritte AusfV. sachlich beseitigt. § 52 Abs. 1 bleibt aber formell aufrecht erhalten.

§ 52 Abs. 2 unverändert.

18. §§ 52 b, 52 c zufolge Beseitigung der Ermächtigung aus § 52 Abs. 1 derzeit gegenstandslos.

19. § 52 d unverändert.

20. § 52 e — Übergangsrecht — ist zufolge Beseitigung der Ermächtigung aus § 52 Abs. 1 derzeit gegenstandslos.

21. § 53 unverändert.

Nach ähnlichen Gesichtspunkten ist für die Ostmark der Geltungsbereich des österreichischen Mietengesetzes und für die sudetendeutschen Gebiete der Anwendungsbereich des Gesetzes über den Schutz der Mieter erweitert worden.

III.

Die Anwendung des Mieterschutzgesetzes im Altreich hat nach dem 6. September 1939 nach folgenden Gesichtspunkten zu erfolgen:

1. Das Mieterschutzgesetz gilt grundsätzlich für alle Raummietverhältnisse, § 1 Dritte AusfV. KSchVO.

2. Ausnahmen von diesem Grundsatz gelten nur in dem engen Rahmen des § 2 Dritte AusfV. KSchVO. Hiernach finden **die Vorschriften des** ersten Abschnitts (§§ 1—35) **des Mieterschutzgesetzes**[1]) **keine Anwendung**

a) auf Räume in Gebäuden, die im Eigentum oder in der Verwaltung des Reichs oder eines Landes stehen und entweder öffentlichen Zwecken oder zur Unterbringung von Angehörigen der Verwaltung des Reichs oder des Landes zu dienen bestimmt sind oder bestimmt werden, § 32 MSchG. Unter der weiteren Voraussetzung, daß die Räume für eigene Zwecke dringend benötigt werden, finden die Vorschriften des § 32 Abs. 1 bis 3 entsprechend Anwendung auf Gemeinden, Landkreise, Bezirksverbände, Provinzen, auf sonstige Körperschaften des öffentlichen Rechts, z. B. die NSDAP., das Unternehmen „Reichsautobahnen", das NSFK., einzelne Wirtschaftsorganisationen, z. B. die Getreidewirtschaftsverbände und die Hauptvereinigung der deutschen Getreide- und Futtermittelwirtschaft (§ 5 der Verordnung zur Ordnung der Getreidewirtschaft vom 7. Juli 1938, RGBl. I S. 837), die Geschäftsabteilung der verschiedenen Hauptvereinigungen und ihrer Untergliederungen (§ 8 der Verordnung über die öffentliche Bewirtschaftung von landwirtschaftlichen Erzeugnissen vom 27. August 1939, RGBl. I S. 1521), ferner auf gemeinnützige Anstalten und Stiftungen sowie auf gemeinnützige, nicht auf Erwerb gerichtete Organisationen.

---

[1]) Abweichend von der Regel sind: in § 25 MSchG. nur die §§ 1 bis 19, in § 32 MSchG. nur die §§ 1 bis 30, in § 6 Zweite AusfV. KSchVO. nur die §§ 1 bis 23 a M.-SchG. für nicht anwendbar erklärt.

Die Vorschriften des § 32 Abs. 1 bis 3 MSchG. sind ferner nach § 5 Erste AusfV. KSchVO. entsprechend anzuwenden:

α) wenn Räume in einem Gebäude, dessen Errichtung oder Erwerb von der Wehrmacht unmittelbar oder mittelbar gefördert worden ist, für Zwecke der Wehrmacht zur Verfügung zu halten sind und zur Unterbringung von Angehörigen der Wehrmacht benötigt werden;

β) wenn Räume in einem Gebäude, das nicht im Eigentum oder in der Verwaltung des Reichs, eines Landes oder einer Gemeinde steht, für Beamte des Reichs, eines Landes oder einer Gemeinde oder für Angestellte oder Arbeiter im öffentlichen Dienst zur Verfügung zu halten sind und benötigt werden.

b) auf Räume in Gebäuden gemeinnütziger Wohnungsunternehmungen nur mehr in den besonderen Fällen der §§ 2, 3 Zweite AusfV. KSchVO.:

α) wenn ein gemeinnütziges Wohnungsunternehmen in der Rechtsform der eingetragenen Genossenschaft Räume auf Grund eines Miet- und Nutzungsvertrags einem Genossen mit Rücksicht auf seine Mitgliedschaft zur Genossenschaft überlassen hat und dieser aus der Genossenschaft ausscheidet;

β) wenn ein gemeinnütziges Wohnungsunternehmen dem künftigen Erwerber des Grundstücks, zu dem die Räume gehören, die Räume auf Grund eines Kaufanwartschaftsvertrags mietweise überlassen hat und von diesem Vertrag zurücktritt.

c) auf Werkwohnungen in Gebäuden eines Betriebes, der nicht nur vorübergehend Zwecken der Wehrmacht dient. Sofern das Gebäude dem Betriebsinhaber nicht gehört, gilt die Freistellung vom

Mieterschutz nur, wenn die Errichtung oder der Erwerb des Gebäudes von der Wehrmacht unmittelbar oder mittelbar gefördert worden ist, § 6 Zweite AusfV.KSchVO.;

d) auf Untermietverhältnisse und auf die ihnen nach § 24 Abs. 2 gleichgestellten Rechtsverhältnisse nur dann, wenn der Untermieter (Berechtigte) weder in den Räumen mit seiner Familie eine selbständige Wirtschaft oder Haushaltung führt noch die Räume ganz oder überwiegend mit Einrichtungsgegenständen ausgestattet hat, § 2 Abs. 2 Dritte AusfV.KS.VO.;

e) auf Räume, die für besondere Zwecke zu vorübergehendem Gebrauch vermietet sind, § 25 MSchG., § 2 Abs. 1 Dritte AusfV. KSchVO.

f) auf staatlich geförderte Kleinsiedlerstellen, solange sie der Siedler für die Dauer einer Probezeit mietweise innehat, § 1 Zweite AusfV. KSchVO.

3. Die Ausdehnung des Mieterschutzes auf alle Raummietverhältnisse ist — von den Ausnahmefällen in Ziffer 2 abgesehen — eine vollständige; sie reicht nicht nur über die Erweiterung des Mieterschutzgesetzes durch die Erste AusfV. KSchVO. hinaus, sondern dehnt den Geltungsbereich dieses Gesetzes insbes. durch die Außerkraftsetzung des § 33 weit über den Bereich hinaus aus, den das Mieterschutzgesetz vom 1. Juni 1923 hatte. Auch spätere Einschränkungen der Geltung des Mieterschutzgesetzes sind außer Kraft gesetzt. Dies gilt nicht nur für die reichsrechtlichen Beschränkungen z. B. des §§ 23 b, 32 a, 33, 33 a MSchG.; § 1 Abs. 2, § 3 Erste AusfV. KSchVO., sondern auch für alle bisher auf Grund des § 52 MSchG. erlassenen landesrechtlichen Lockerungsvorschriften, also insbesondere für die bisher mit Rücksicht auf die Höhe der Jahresfriedensmiete vom Mieterschutz befreiten Räume.

Auch die für die mieterschutzfreien Gemeinden — Saarland, Oldenburg; Kiefersauer Mieterschutzrecht, 6. Aufl. S. 153 — bestehenden Ausnahmebestimmungen sind weggefallen.

Vom Tage des Inkrafttretens der Dritten AusfV., d. h. vom 7. September 1939 an, ist daher, abweichend von der bis dahin geltenden Rechtslage, das Mieterschutzgesetz — vorbehaltlich der oben in Ziffer 2 dargestellten Ausnahmefälle — auf alle Raummietverhältnisse zur Anwendung zu bringen und zwar ohne Rücksicht

a) auf die Art der Mieträume. Die Ausnahmestellung für reine Geschäftsräume in § 32a MSchG. ist ebenso beseitigt wie die bisher auf Grund des § 52 MSchG. mögliche landesrechtliche Lockerung für Mischräume, vgl. § 1 Preuß. u. Bayer. AusfVO. Dem Mieterschutz unterliegen nunmehr nicht nur alle Wohnräume, sondern auch Büroräume, Fabrik- und Lagerräume, Läden, Werkstätten, Garagen, Lehr- und Unterrichtsräume, Schülerheime, Fremdenheime, Hotels, Kliniken, Künstlerateliers. Diese Ausdehnung ist deshalb besonders bedeutungsvoll, weil die §§ 1 bis 35 MSchG. auf Pachtverhältnisse und Unterpachtverhältnisse entsprechend anzuwenden sind, § 9 Dritte AusfV. KSchVO.;

b) auf den Zeitpunkt der Errichtung des Gebäudes oder der Beziehbarkeit der Räume. Die Freistellung der Neubauten, Um- oder Einbauten, der Teilwohnungen gemäß § 33, § 33a MSchG. ist aufgehoben und zwar auch insoweit § 1 Erste AusfV. KSchVO. den Zeitpunkt der Bezugsfertigkeit vom 1. Juli 1918 auf den 30. November 1937 hinausgeschoben hat; die Unterscheidung zwischen Altbauten, Altneubauten und Neubauten besteht nicht mehr. Es sind daher alle Mieträume mieterschutzpflichtig, gleichviel wann das Gebäude (Gebäudeteil) errichtet (bezugsfertig) worden ist oder künftig errichtet (bezugsfertig) wird;

c) auf die Höhe der Jahresfriedensmiete. Sowohl die reichsrechtliche Regelung des § 2 Erste AusfV. KSchVO. als auch die landesrechtlichen Lockerungen sog. teuerer Wohnungen und Mischräume und deren Abstufung nach Ortsklassen sind außer Kraft gesetzt. Ohne Rücksicht auf die Höhe des vereinbarten Mietzinses sind deshalb alle Wohnungen und Geschäftsräume in allen Gemeinden des Altreichs dem Mieterschutzgesetz unterstellt;

d) auf den Eigentümer der Gebäude (Gebäudeteile). Bauten gemeinnütziger Wohnungsunternehmen sind grundsätzlich — Ausnahme: oben Ziff. 2 Buchst. b — über die Regelung der §§ 1, 2 Erste AusfV. KSchVO. hinaus dem Mieterschutz unterworfen. Für Gebäude des Reichs, des Landes, der öffentlichen Körperschaften und der gemeinnützigen Stiftungen, Anstalten und Organisationen sowie für Wehrmachtsbauten gilt die Sonderregelung des § 32 MSchG. und des § 5 Erste AusfV. KSchVO., oben Ziff. 2 Buchst. a. Wegen der staatlich geförderten Kleinsiedlerstellen vgl. oben Ziff. 2 Buchst. f;

e) auf die Zweckverwendung der Mieträume. Ausnahmen: besondere Zwecke zu vorübergehendem Gebrauch (§ 25 MSchG.), Verwaltungszwecke des Reichs, der Länder, der Wehrmacht, der öffentlichen Körperschaften usw. im Rahmen des § 32 MSchG. und des § 5 Erste AusfV. KSchVO. Wegen der Ausdehnung auf Werkwohnungen gemäß § 6 Zweite AusfV. KSchVO.; vgl. oben Ziff. 2 Buchst. c.

Untermietverhältnisse und die ihnen nach § 24 Abs. 2 MSchG. gleichgestellten Rechtsverhältnisse waren bisher vom Mieterschutz befreit. § 2 Abs. 2 Dritte AusfV. KSchVO. dehnt die Vorschriften der §§ 1—35 MSchG. auch auf diese Rechtsverhältnisse aus, wenn der Untermieter (Berechtigte) die Räume ganz oder überwiegend mit Einrichtungsgegenständen ausgestattet hat oder wenn er in den Räumen mit seiner Familie eine selbständige Wirtschaft oder Haushalt führt. Wegen der besonderen Auswirkungen dieser Ausdehnung des Mieterschutzes auf Untermietverhältnisse, an denen Juden beteiligt sind, vgl. 2 zu § 3 Dritte AusfV. KSchVO.

4. Durch die Dritte AusfV. KSchVO. hat das Mieterschutzgesetz eine Änderung nicht nur hinsichtlich seines Geltungsbereichs, sondern auch in materieller Beziehung durch Verstärkung seines Rechtsschutzes erfahren.

a) Die Voraussetzungen für die Mietaufhebungsklage sind, soweit die §§ 2, 3 MSchG. und § 4 Erste AusfV. KSchVO. in Frage kommen, unverändert geblieben. Wegen der Anwendung des § 2 MSchG. auf Wehrmachtsangehörige vgl. oben II 4.

Dagegen hat der Mietaufhebungstatbestand des § 4 MSchG. — überwiegendes Interesse des Vermieters an der Erlangung des Mietraums — insoweit eine Änderung erfahren, als der Vermieter von Geschäftsräumen auf Antrag des Mieters bei Aufhebung des Mietverhältnisses lediglich auf Grund des § 4 Abs. 1 neben der Zahlung von Umzugskosten zur Leistung einer angemessenen Entschädigung für sonstige wirtschaftliche Nachteile verpflichtet werden kann, die der Mieter durch den Verlust der Mieträume erleidet, § 7 Dritte AusfV. KSchVO. Besondere Beachtung verdient weiterhin die Ausweitung des § 4 MSchG. durch § 4 Dritte AusfV. KSchVO.: Die Notwendigkeit der Inanspruchnahme der Räume für kriegswichtige Zwecke, dargetan durch eine Bescheinigung der zuständigen

Behörde, genügt zum Nachweis des überwiegenden Interesses des Vermieters an der Erlangung des Mietraums. Die Gewährung der Räumungsfrist ist in diesem Fall eingeschränkt.

Die für den Erwerber des Mietgrundstücks zur Erlangung einer Wohnung im eigenen Hause in § 4 a getroffene Sonderregelung ist durch § 3 Dritte AusfV.KSchVO. außer Kraft gesetzt.

Zur Entscheidung über die Mietaufhebungsklage ist gemäß § 7 MSchG. ausschließlich das Amtsgericht zuständig. Die im Rahmen des § 14 MSchG. zulässige Berufung und sofortige Beschwerde — 1 zu § 1 Vierte AusfV. KSchVO. — gehen an das Oberlandesgericht; das Verfahren vor dem Amtsgericht ist vereinfacht, §§ 9, 10 der Verordnung über Maßnahmen auf dem Gebiete der Gerichtsverfassung und der Rechtspflege vom 1. Sept. 1939 (RGBl. I S. 1658).

Der Grundsatz, daß im Rahmen des Mieterschutzgesetzes die Aufhebung des Mietverhältnisses nur im Wege des formellen Kündigungsverfahrens — §§ 1 a ff. MSchG.; Kiefersauer, Mieterschutzrecht 6. Aufl. S. 26 — oder des Mietaufhebungsverfahrens — § 1 p MSchG.; vgl. oben II Ziff. 3 — gilt auch für Mietverhältnisse, an denen Juden als Mieter beteiligt sind. Durch § 1 JudMietG. wird der Mieterschutz des Juden gegenüber dem nichtjüdischen Vermieter dahin eingeschränkt, daß der jüdische Mieter sich auf den Mieterschutz nicht berufen kann, wenn seine anderweitige Unterbringung sichergestellt ist; in diesem Falle kann also der — nichtjüdische — Vermieter das Mietverhältnis durch einseitige Erklärung kündigen, vgl. Kiefersauer, Mieterschutzrecht, 6. Aufl. S. 189, 241. Da die Geltung des Mieterschutzgesetzes durch diese Sonderregelung nicht beschränkt wird, sondern nur hinsichtlich der sachlichen Voraussetzungen für die Lösung des Mietverhältnisses eine Abänderung erfährt, bleibt die aus rasse- und staatspolitischen Erwägungen getroffene Sonderregelung des § 1 JudMietG. durch § 1 Satz 2 Dritte AusfV. KSchVO. unberührt.

b) Die Befugnis des Mieters zur Untervermietung ist neuerdings erleichtert worden. Nach § 5 Dritte AusfV. KSchVO. darf der Vermieter die nach § 549 BGB. oder nach Vertrag — vgl. § 7 DEMV.; Kiefersauer, Mieterschutzrecht 6. Aufl. S. 206 — erforderliche Erlaubnis nur aus einem wichtigen Grund verweigern. Das Mieteinigungsamt kann auf Antrag des Mieters bei Verweigerung die Erlaubnis des Vermieters ersetzen.

c) Das Kündigungsrecht des Vermieters beim Tode des Mieters (§ 569 BGB.) ist über die Vorschrift des § 19 Abs. 1 Satz 2 MSchG. hinaus nicht nur gegenüber erbberechtigten Familienangehörigen, sondern auch gegenüber bestimmten Familienangehörigen, die nicht als Erben in Betracht kommen, durch § 6 Dritte und § 3 Vierte AusfV. KSchVO. für unzulässig erklärt.

IV.

Auf Pachtverhältnisse und Unterpachtverhältnisse über Räume jeder Art sind die Vorschriften des ersten Abschnitts des Mieterschutzgesetzes und der Dritten AusfV. KSchVO. — ausgenommen § 6 Abs. 1 — entsprechend anzuwenden.

Demgemäß kann der Verpächter von Räumen — abweichend vom bisherigen Rechtszustand, vgl. Kiefersauer, Mieterschutzrecht, 6. Aufl. S. 20 — gegen den Willen des

Pächters die Lösung des Pachtverhältnisses nur im Wege des formellen Kündigungverfahrens (§§ 1 a ff. MSchG.) oder des Aufhebungsverfahrens (§ 1 p MSchG.) erreichen. Raumpachtverhältnisse, die für eine bestimmte Zeit eingegangen sind, werden nach Ablauf der Pachtzeit fortgesetzt, wenn nicht der Verpächter oder der Pächter spätestens in dem Zeitpunkt, in dem nach § 565 BGB. eine für den Ablauf der Pachtzeit zulässige Kündigung zu erfolgen haben würde, sich auf die Beendigung des Pachtverhältnisses beruft, § 1 n MSchG. Die Berufung des Verpächters auf die Beendigung des Pachtverhältnisses ist nur unter den Formen und Voraussetzungen zulässig, unter denen der Verpächter nach § 1 Abs. 1 MSchG. das Pachtverhältnis kündigen kann.

Die Aufhebung des Pachtverhältnisses über Räume erfolgt durch das Amtsgericht, in dessen Bezirk sich der Pachtraum befindet, vgl. oben III 4. Die etwa vertraglich vorgesehene schiedsrichterliche Erledigung ist unwirksam, § 7 MSchG.

Hinsichtlich des Geltungsbereichs des Mieterschutzgesetzes, insbes. bezüglich der Anwendung des § 24 M.-SchG. auf Unterpachtverhältnisse, gelten die Ausführungen zu III 2.

Die für unbebaute, insbes. landwirtschaftlich genutzte Grundstücke geltenden besonderen Bestimmungen des Pachtnotrechts und der Kleingarten- und Kleinpachtlandordnung — vgl. Staudinger-Kiefersauer Vorbem. 9, 10, 13 zu § 581; Fitzau DRW. 1939, 204 — werden durch die Neuordnung des Raumpachtrechts durch die Dritte und Vierte AusfV. KSchVO. nicht berührt. Dagegen hat die Verordnung über den Kündigungsschutz von Kleingärten vom 27. Sept. 1939 (RG.-Bl. I S. 1966) auch für das Kleingartenrecht eine auf die besonderen Verhältnisse der gegenwärtigen Lage zugeschnittene Neuordnung des Pachtnotrechts gebracht, die wegen des darin enthaltenen Schutzes der Inhaber von Dauerwohnlauben im Rahmen des „Kriegsnotrechts für Miet- und Pachtverhältnisse" dargestellt wird.

V.

Trotz der erheblichen Ausdehnung des Mieterschutzgesetzes durch die Dritte AusfV. KSchVO. gibt es noch eine Reihe von Raummietverhältnissen, die dem Mieterschutzgesetz nicht unterliegen. Für diese besonderen, oben III 2 aufgezählten Raummietverhältnisse sowie für sonstige dem Gesetz nicht unterstehende Nutzungsverhältnisse — vgl. Kiefersauer, Mieterschutzrecht, 6. Aufl. S. 22 — gilt der Grundsatz des § 564 BGB., daß Mietverhältnisse auf unbestimmte Zeit durch einseitige Kündigung eines Vertragsteils, also auch des Vermieters, beendigt werden.

Die Ausübung des Kündigungsrechts des Vermieters ist außerhalb des Mieterschutzgesetzes grundsätzlich nicht beschränkt, vgl. Staudinger-Kiefersauer, 1 zu § 564. Unter dem Gesichtspunkt der Preisbildung und Preisüberwachung hat der Reichskommissar für die Preisbildung in der grundsätzlichen Entscheidung vom 1. August 1938 (MittBl. I Nr. 23 S. 5) den Grundsatz aufgestellt, daß jede Kündigung gegen die PStopV. verstößt, zu der der Mieter durch sein eigenes Verhalten keinen Anlaß gegeben hat. In dem RE. 184/37 Ziff. 13, 14 sind einzelne Fälle aufgezählt, in denen eine Kündigung des Vermieters als unzulässig anzusehen ist und in Ziff. 15 werden die Preisbehörden ermächtigt, vom Vermieter die Angabe, erforderlichenfalls die Glaubhaftmachung der Gründe zu verlangen, die ihn zur Kündigung des Mietverhältnisses veranlaßt haben, vgl. Kiefersauer, Reichsmietengesetz, 6. Aufl. S. 146, 149, 238.

Diese Rechtslage gilt wiederum seit 7. Sept. 1939, nachdem die Neuordnung des Kündigungsrechts durch die VO. vom 19. April 1939 (RGBl. I S. 799) samt

Durchführungsvorschriften — Kiefersauer, Mieterschutzrecht, 6. Aufl. S. 224, 313 — durch den § 8 Abs. 2 Dritte AusfV. KSchVO. bis auf weiteres außer Kraft gesetzt worden ist. Das hier eingeführte Widerspruchsverfahren, das den Mieter zur Erhebung des Widerspruchs gegen die Kündigung des Vermieters bei der Preisbehörde berechtigte und verpflichtete, findet nicht mehr statt; dies gilt auch für Mietverhältnisse über unbebaute Grundstücke, die durch § 1 DurchfVO. in die Neuregelung einbezogen worden waren. Wegen der Übergangsregelung vgl. 10 zu § 8 Dritte und 1 zu § 2 Vierte AusfV. KSchVO.

Beachtenswert ist insbesondere, daß die in § 24 Durchf.-VO. getroffene Anordnung, daß eine Kündigung des Vermieters, die gegen die PStopV. verstößt, nicht nichtig sei, nunmehr wieder aufgehoben ist. Es gilt also wiederum die Regel, daß eine Kündigung, die zum Zwecke einer nicht gemäß § 3 PStopV. vorher genehmigten Mietzinssteigerung erfolgt, gemäß § 134 BGB. nichtig und nach der Preisstrafrechtsverordnung vom 3. Juni 1939 (RGBl. I S. 999) strafbar ist, vgl. Kiefersauer, Mieterschutzrecht, 6. Aufl. S. 199, 230.

Dritte Verordnung zur Ausführung der Verordnung über Kündigungsschutz für Miet- und Pachträume*).

Vom 5. September 1939 (RGBl. I S. 1670).

Auf Grund des Artikels I der Verordnung über Kündigungsschutz für Miet- und Pachträume vom 28. August 1937 (Reichsgesetzbl. I S. 917)[1] wird im Einvernehmen mit dem Reichskommissar für die Preisbildung[2] folgendes verordnet:

1. Kiefersauer, Mieterschutzrecht, 6. Aufl. S. 142.

2. Die Einvernahme des Reichskommissars für die Preisbildung erfolgte, weil die sog. Kündigungsschutzverordnung des Reichskommissars samt den weitgehenden Durchführungsvorschriften — Kiefersauer, Mieterschutzrecht, 6. Aufl. S. 224, 313 — nach § 8 Abs. 2 bis auf weiteres außer Kraft gesetzt worden ist.

§ 1

Das Mieterschutzgesetz in der Fassung der Bekanntmachungen vom 17. Februar 1928 (Reichsgesetzbl. I S. 25) und vom 27. April 1933 (Reichsgesetzbl. I S. 235), des Artikels 5 des Gesetzes vom 27. Oktober 1933 (Reichsgesetzbl. I S. 780, 787) und des Artikels II der Verordnung vom 20. April 1936 (Reichsgesetzbl. I S. 378)[1] sowie der Ersten Verordnung zur Ausführung der Verordnung über Kündigungsschutz für Miet- und Pachträume vom 4. Dezember 1937

*) Betrifft nicht die Ostmark und den Reichsgau Sudetenland.

(Reichsgesetzbl. I S. 1325)[2] gilt[3] für Mietverhältnisse[4] jeder Art[5], soweit[6] in dieser Verordnung nichts anderes bestimmt ist. Reichs- und landesrechtliche Beschränkungen der Geltung[7] des Mieterschutzgesetzes[8] treten insoweit außer Kraft[9][10].

1. Kiefersauer, Mieterschutzrecht, 6. Aufl. S. 18 bis 133, erläutert.

2. Kiefersauer, Mieterschutzrecht, 6. Aufl. S. 143, erläutert.

3. Die Ausdehnung des Mieterschutzgesetzes gilt von dem Inkrafttreten der Verordnung, d. h. gemäß § 2 des Gesetzes über die Verkündung von Rechtsverordnungen vom 13. Oktober 1923 (RGBl. I S. 959) vom **7. September 1939** an.

Unberührt bleibt das Kündigungsrecht des Mieters sowie die Möglichkeit, im Wege der freien Vereinbarung die Auflösung des Mietverhältnisses herbeizuführen. Das Mieterschutzrecht entzieht dem Vermieter lediglich das Recht, gegen den Willen des Mieters durch einseitige Kündigung das Mietverhältnis zu beendigen, Kiefersauer a. a. O. S. 22.

4. Nur Mietverhältnisse über **Gebäude** und **Gebäudeteile** (Räume) sind Gegenstand des Mieterschutzes; bewegliche Unterkunftsräume, z. B. Wohnwagen, Zelte, Schiffe sowie unbebaute Grundstücke, insbes. Lagerplätze stehen außerhalb des Mieterschutzgesetzes, vgl. Kiefersauer a. a. O. S. 21. Bei einheitlichem Mietverhältnis über Gebäude und Grundstücksflächen (Wohnung mit Garten; Industriegebäude mit besonders großem Fabrikgelände) entscheidet hinsichtlich der Anwendbarkeit des MSchG. der wirtschaftliche Zweck der Überlassung, der dem Raum oder der Fläche die Eigenschaft eines Zubehörs zuweist.

Die Mitüberlassung von Grundstücksflächen bei Raumüberlassung ist auch für die Unterscheidung zwischen Miete und Pacht von Bedeutung, vgl. Staudinger-Kiefersauer, 31, 32 zu § 581. Beachtenswert ist aber die durch § 9 angeordnete entsprechende Anwendung der §§ 1—35 M.-SchG. auf Raumpachtverhältnisse.

Nur **Miet- und Pachtverhältnisse** werden von der Ausdehnung des Mieterschutzgesetzes betroffen. Daher — wie bisher — keine Anwendung des MSchG. auf die Raumüberlassung auf Grund eines Dienst- oder Arbeitsvertrags (vgl. die Sonderregelung der §§ 20 bis 23a MSch.-G.), eines Genossenschaftsvertrages, einer Wohnungsleihe (§ 598 BGB.), eines dinglichen Wohnungsrechts (§ 1093 BGB.).

5. **Räume jeder Art** sind nunmehr dem Mieterschutzrecht, wie es sich aus dieser Verordnung und dem Mieterschutzgesetz ergibt, unterworfen. Der Geltungsbereich des MSchG. ist nicht unerheblich erweitert: Wohnräume, reine Geschäftsräume, Mischräume sind nunmehr ohne Rücksicht darauf, ob sie sich in Neubauten, Altneubauten, Altbauten befinden, mieterschutzpflichtig. Beispiele: Gewerblich benutzte Räume, Fabrik- und Lagerräume, Läden, Werkstätten, Garagen, Büroräume, Gastwirtschaften, vgl. Kiefersauer, Mieterschutzrecht, 6. Aufl. S. 95. Auch künftige Neubauräume werden erfaßt. Auf die Höhe der Jahresfriedensmiete kommt es nicht an; auch die sog. teueren Mischräume und Wohnungen sind dem MSchG. unterstellt.

6. Diese Einschränkung bezieht sich sowohl auf den Geltungsbereich als auch auf den veränderten sachlichen Inhalt, den das Mieterschutzgesetz durch die Verordnung erhalten hat, vgl. Einleitung III.

7. Die **Geltung** des Mieterschutzgesetzes war beschränkt

a) reichsrechtlich durch die Ausnahmevorschriften
des § 23 b MSchG. hinsichtlich der Hausmeister-(Pförtner-)wohnungen,
des § 24 MSchG. hinsichtlich der Untermietverhältnisse (nunmehr eingeschränkt durch § 2 Abs. 2 dieser Verordnung),
des § 32 a MSchG. hinsichtlich der reinen Geschäftsräume,
der §§ 33, 33 a MSchG. in Verbindung mit § 1 und § 2 Abs. 2 Erste AusfV. KSchVO. hinsichtlich der Neubauten, der durch Um- oder Einbauten neugeschaffenen Räume, der Teilwohnungen, der Räume in Gebäuden gemeinnütziger

Wohnungsunternehmen, soweit die Räume vor dem 1. Dezember 1937 bezugsfertig geworden sind.

b) landesrechtlich durch die auf Grund des § 52 MSchG. zulässigen Lockerungsverordnungen. Hieher zählen nicht nur die Lockerungen für die sog. teueren Wohnungen und Mischräume — hinsichtlich der Ortsklassen Berlin, Sonderklasse und Ortsklasse A geändert durch § 2 Abs. 1 Erste AusfV. KSchVO. —, sondern auch die im Saarland und Oldenburg gebildeten mieterschutzfreien Gemeinden, vgl. § 3 Erste AusfV. KSchVO.; Kiefersauer, Mieterschutzrecht, 6. Aufl. S. 153.

Diese **Beschränkungen** der Geltung des Mieterschutzes sind seit 7. Sept. 1939 in **Wegfall gekommen**. In Kraft geblieben sind nur die §§ 25, 32 MSchG. und die Vorschriften der Zweiten AusfV. KSchVO., § 2 Abs. 1.

Die im § 1 JudMietG. — Kiefersauer a. a. O. S. 241 — vorgesehene Lockerung des Mieterschutzes zu Lasten des jüdischen Mieters gegenüber dem nichtjüdischen Mieter bleibt durch die Neuregelung der §§ 1, 2 dieser Verordnung unberührt. Diese Sondervorschrift bedeutet zwar eine sachliche Änderung des Mieterschutzgesetzes, setzt aber die Geltung des Gesetzes für Mietverhältnisse mit Juden voraus, vgl. Einl. III 4.

8. Unberührt bleiben die Vorschriften des Reichsmietengesetzes. Die Ausnahmebestimmungen des § 16 RMG. sind nicht eingeschränkt; der Geltungsbereich des Reichsmietengesetzes ist deshalb wesentlich enger als der Anwendungsbereich des Mieterschutzgesetzes. Die Überwachung der Mietzinsbildung ist in weitgehendem Maße den Preisbehörden übertragen, vgl. den RE. Nr. 184/37 des Reichskommissars für die Preisbildung vom 22. Dez. 1937, erl. bei Kiefersauer, Reichsmietengesetz 6. Aufl. S. 131.

9. Durch die Einberufung zu einer Dienstleistung im Wehrdienst wird ein bestehendes Beschäftigungsverhältnis (Arbeits-, Lehrverhältnis) nicht gelöst; die beiderseitigen Rechte und Pflichten ruhen für die Dauer der Einberufung. Neben dem Schutz des Arbeitsplatzes wird durch § 1 der Verordnung zur Abänderung und Ergänzung von Vorschriften auf dem Gebiet des Arbeitsrechts vom 1. Sept. 1939 (RGBl. I S. 1683) zugleich die häusliche Unterbringung des Einberufenen sichergestellt:

Die Abmachungen über die Gewährung einer Werkswohnung, die von dem Dienstverpflichteten oder seinen Familienangehörigen weiter benötigt wird, bleiben bestehen.

10. Für Aufgaben von besonderer staatspolitischer Bedeutung können die erforderlichen Arbeitskräfte nach Maßgabe der Verordnung des Beauftragten für den Vierjahresplan vom 13. Febr. 1939 (RGBl. I S. 206) sichergestellt werden. Zur Durchführung und Ergänzung dieser Verordnung wurde die Dienstpflicht-Durchführungsanordnung vom 2. März 1939 (RGBl. I S. 403) erlassen. Neben der Sicherstellung des Arbeitsplatzes sind auch hinsichtlich der Dienst- und Werkwohnungen der Dienstverpflichteten in § 9 DVO. besondere Schutzvorschriften erlassen, wobei zwischen zeitlich begrenzter Verpflichtung (Beurlaubung zur Dienstleistung) und zeitlich unbegrenzter Verpflichtung (Entlassung zur Dienstleistung) unterschieden wird. § 9 lautet:

(1) Hat ein Verpflichteter auf Grund seines bisherigen Beschäftigungsverhältnisses eine Dienst- oder Werkwohnung inne, so darf vom Vermieter eine Kündigung der Wohnung bei zeitlich begrenzter Verpflichtung nicht vor Beendigung der Dienstleistung ausgesprochen werden. Das für die Verpflichtung zuständige Arbeitsamt kann in besonderen Fällen Ausnahmen zulassen.

(2) Bei zeitlich unbegrenzter Verpflichtung ist die Kündigung der Dienst- oder Werkwohnung durch den Vermieter nur mit Zustimmung des für die Verpflichtung zuständigen Arbeitsamts zulässig.

§ 2[1]

(1) Die Vorschriften der §§ 24[2], 25[3] und 32[4] des Mieterschutzgesetzes und der Zweiten Verordnung zur

Ausführung der Verordnung über Kündigungsschutz für Miet- und Pachträume vom 31. August 1938 (Reichsgesetzbl. I S. 1070)[5] bleiben in Kraft.

(2) Der 1. Abschnitt des Mieterschutzgesetzes gilt jedoch auch für Untermietverhältnisse, wenn der Untermieter oder der nach § 24 Abs. 2 des Mieterschutzgesetzes Berechtigte die Räume ganz oder überwiegend mit Einrichtungsgegenständen ausgestattet[6] hat oder wenn er in den Mieträumen mit seiner Familie eine selbständige Wirtschaft oder Haushaltung führt[7].

1. Die Vorschrift des § 2 schränkt den Grundsatz des § 1 insofern ein, als der Geltungsbereich des Mieterschutzgesetzes nicht ausnahmslos auf alle Raummietverhältnisse sich erstreckt. Soweit allerdings in § 2 eine ausdrückliche Aufrechterhaltung der Ausnahmeregeln des Mieterschutzgesetzes nicht erfolgt, sind die Beschränkungen, die das Mieterschutzgesetz z. B. in § 23 b (Hausmeisterwohnungen), § 32 a (Geschäftsräume), § 33 (Neubauten, Um- und Einbauten, Genossenschaftsbauten), § 33 a (Teilwohnungen) sich selbst gesetzt hat, durch § 1 Satz 2 außer Kraft gesetzt. Die Sonderregelung der Ersten AusfV. KSchVO. ist, soweit sie der Geltung des Mieterschutzes zeitliche oder sonstige Schranken setzt, außer Wirksamkeit. Eine andere Regelung ist für die Zweite AusfV. KSchVO. vorgesehen, s. unten 5.

2. Die Vorschrift des § 24 MSchG. bestimmt, daß die Vorschriften des ersten Abschnitts auf **Untermietverhältnisse** und auf die ihnen nach Abs. 2 gleichgestellten Rechtsverhältnisse keine Anwendung finden. Abs. 2 dieser Verordnung schränkt die Ausnahmestellung der Untermietverhältnisse ein, insofern nunmehr die Vorschriften des ersten Abschnitts auch auf Untermietverhältnisse und die ihnen gleichgestellten Rechtsverhältnisse dann zur Anwendung zu bringen sind, wenn

a) der Untermieter (Berechtigte) in den Mieträumen eine eigene (selbständige) Wirtschaft oder Haushaltung führt oder wenn er

b) die Mieträume ganz oder überwiegend mit Einrichtungsgegenständen ausgestattet hat.

Im Falle zu a gilt jedoch keine Einschränkung des Mietaufhebungsgrundes des § 4 wie dies das Mieterschutzgesetz vom 1. Juni 1923 vorgesehen hat.

Jüdische Untermieter genießen vollen Mieterschutz — Einl. III 4 — nur gegenüber jüdischen Untervermietern (Mietern). Soweit ein vor dem Inkrafttreten des Jud.-MietG. — 5. Mai 1939; Kiefersauer, Mieterschutzrecht, 6. Aufl. S. 262 — abgeschlossenes Mietverhältnis zwischen einem nichtjüdischen Untervermieter (Mieter) und einem jüdischen Untermieter vorliegt, hat der Untermieter nur den durch § 1 JudMietG. beschränkten Mieterschutz. Nach dem Inkrafttreten des JudMietG. dürfen Untermietverhältnisse gemäß § 3 JudMietG. nur unter Juden abgeschlossen werden; verbotswidrig abgeschlossene Mietverträge sind gemäß § 134 BGB. nichtig mit der Folge, daß jeder Mieterschutz für den Untermieter entfällt, vgl. Rexroth DJ. 1939, 1550.

Bei Untermietverhältnissen zwischen Juden, die nach § 4 JudMietG. auf Verlangen der Gemeindebehörde oder durch deren Anordnung (Zwangsmietvertrag) begründet worden sind, kann der Vermieter auch bei vorliegendem Mieterschutz nur mit Genehmigung der Gemeindebehörde das gerichtliche Kündigungsschreiben oder die Mietaufhebungsklage zustellen lassen. Insoweit erfährt § 4 Abs. 3 JudMietG. durch die Ausdehnung des Mieterschutzes auf bestimmte Untermietverhältnisse eine Erweiterung seines Anwendungsbereichs.

3. Auf Räume, die für **besondere Zwecke** zu vorübergehendem Gebrauche vermietet sind, finden, unbeschadet des § 27, die §§ 1 bis 19 keine Anwendung. Diese Bestimmung des § 25 MSchG. gilt uneingeschränkt auch nach dem 6. Sept. 1939 weiter.

4. Die Ausnahmevorschrift des § 32 — Fassung gemäß § 10 Zweite AusfV. KSchVO. — gilt für die Gebäude des **Reichs**, der **Länder** und der **öffentlichen Körperschaften** bei besonderer Zweckverwendung; die entsprechende Anwendung ist in § 5 Zweite AusfV. KSchVO. zugunsten der **Wehrmacht** usw. vorgeschrieben, vgl. Kiefersauer, Mieterschutzrecht, 6. Aufl. S. 93, 163.

5. Kiefersauer, Mieterschutzrecht, 6. Aufl. S. 155, erläutert. Die Zweite AusfV. KSchVO. enthält im wesentlichen *Einschränkungen* der Geltung des Mieterschutzgesetzes für besondere Fälle. Die Aufrechterhaltung dieser Verordnung bedingt einen wesentlichen Teil der Ausnahmefälle, s. Einl. III 2.

6. Die Tatsache, daß der Untermieter die für die Nutzung der Räume als Wohnung, Büro, Sprechzimmer (Arzt), Laden, Werkstätte usw. erforderlichen Einrichtungsgegenstände ganz oder doch überwiegend selbst beschafft hat, rechtfertigen es, ihm den gleichen Schutz wie dem Mieter zuzubilligen. Auf Wohnräume ist die Anwendung der Vorschrift nicht beschränkt. Die Ausstattung mit Einrichtungsgegenständen durch den Untermieter muß mindestens überwiegend sein.

7. Auch wenn die Einrichtungsgegenstände ganz oder überwiegend vom Untervermieter, d. h. dem Mieter (Hauseigentümer, Rechtsinhaber im Falle des § 24 Abs. 2) beschafft worden sind, genießt der Familienvater (Haushaltungsvorstand) Mieterschutzrechte. Voraussetzung ist lediglich, daß der Untermieter in den Mieträumen mit seiner Familie einen selbständigen Haushalt führt. Infolge der Gleichstellung der Begriffe Haushaltung und Wirtschaft wird die Entscheidung über das Vorliegen der Voraussetzung im Einzelfall ohne besondere Schwierigkeiten getroffen werden können. Nicht erforderlich ist jedenfalls das Vorhandensein eigener Möbelstücke oder besonderer hauswirtschaftlicher Hilfskräfte. Notwendig wird dagegen sein, daß der Untermieter, wenn auch nicht immer, so doch regelmäßig wenigstens eine Hauptmahlzeit im Hause einnimmt. Das Vorhandensein eines eigenen Küchenraumes ist nicht gefordert; behelfsmäßige Kochgelegenheit genügt. Auch die gemeinsame Benutzung der Küche mit dem Untervermieter (Mieter) oder mit anderen Untermietern schließt die Anwendung des § 2 Abs. 2 nicht aus.

§ 3

Eine Kündigung[1] oder Aufhebung des Mietverhältnisses nach § 4 a des Mieterschutzgesetzes[2] findet nicht[3] statt.

1. Gemeint ist die Kündigung im Sinne des § 1 Abs. 1 MSchG., die im Rahmen des besonderen Kündigungsverfahrens nach § 1 a MSchG. zu erfolgen hat, Kiefersauer, Mieterschutzrecht, 6. Aufl. S. 24.

2. Die Vorschrift des § 4 a gibt dem Eigentümer und dem Erbbauberechtigten als Vermieter zur Befriedigung seines **eigenen Wohnbedarfs** das Recht auf Aufhebung des Mietverhältnisses unter erleichterten Voraussetzungen.

3. Der Aufhebungsgrund des § 4 a MSchG. ist also praktisch beseitigt. Der Eigentümer (Erbbauberechtigte) ist auf die Aufhebungsklage aus § 4 angewiesen.

§ 4

Werden die Mieträume für kriegswichtige Zwecke[1] benötigt[2], so genügt zum Nachweis des überwiegenden[3] Interesses des Vermieters an der Erlangung des Mietraumes im Sinne des § 4 des Mieterschutzgesetzes[4] eine Bescheinigung der zuständigen Behörde[5]. Auf Antrag des Vermieters kann das Mietverhältnis mit sofortiger Wirkung aufgehoben werden[6]. Eine Räumungsfrist[7] soll nur gewährt werden, wenn besondere Umstände es dringend geboten erscheinen lassen.

1. **Kriegswichtige Zwecke** liegen bei allen Maßnahmen vor, die unmittelbar oder mittelbar den Interessen der Reichsverteidigung dienen. Es kommen also nicht nur militärische Maßnahmen in Frage, sondern auch alle Verwaltungsmaßnahmen, die der Sicherung der Ernährung und der Fortführung eines geregelten Wirtschaftslebens dienen.

Nach dem Gesetz über Sachleistungen für Reichsaufgaben (Reichsleistungsgesetz) vom 1. Sept. 1939 (RGBl. I S. 1645) kann die zuständige Bedarfsstelle — Dienststelle der Wehrmacht oder sonstige staatliche oder mit staatlichen Aufgaben betraute Stelle — die Überlassung von Räumen vom Eigentümer, Mieter oder sonstigem Nutzungsberechtigten allgemein oder für besondere wirtschaftliche Zwecke (§§ 3a, 3b), insbes. zur Gewährung von Unterkunft (§ 5) in Anspruch nehmen und zur Sicherstellung der Leistung nach § 25 die Beschlagnahme anordnen. Die Vergütung erfolgt in einem besonderen Verfahren, §§ 26, 27 RLeistG. Die Erhebung einer Mietaufhebungsklage entfällt.

2. Von wem die Räume benötigt werden, ist an sich unerheblich. In Betracht kommen militärische und zivile Behörden, aber auch öffentliche Körperschaften, z. B. die Hauptvereinigungen bei Zusammenschlüssen, ihre Untergliederung oder Geschäftsstellen — vgl. Einl. III 2 — sowie unter Umständen private Unternehmungen, die kriegswichtige Aufgaben zu erfüllen haben und dazu bestimmte Räume benötigen.

3. Im Rahmen des § 4 MSchG. findet ein Interessenausgleich statt; nur bei überwiegendem Interesse des Vermieters ist die Aufhebung des Mietverhältnisses gerechtfertigt, Kiefersauer, Mieterschutzrecht, 6. Aufl. S. 52. Satz 1 ergänzt § 4 MSchG. in der Weise, daß er das Interesse des Vermieters an der Erlangung des Mietraumes verstärkt, indem bestimmt wird, daß der Nachweis der Benötigung der Räume für kriegswichtige Zwecke als Nachweis des überwiegenden Interesses des Vermieters im Sinne des § 4 MSchG. zu gelten hat. Damit wird der Grundsatz verwirklicht, daß die Belange der Kriegführung und der Kriegswirtschaft den Belangen des Mieters an der Erhaltung des Mietraumes vorgehen. Eine Interessenabwägung findet in diesem Falle nicht mehr statt; die Bescheinigung der zuständigen Behörde ist maßgebend.

Infolge der Einbeziehung der geschäftlich und gewerblich benutzten Räume in den Mieterschutz — vgl. 5 zu § 1 — gewinnt diese Auswirkung des § 4 MSchG. besondere praktische Bedeutung.

Wegen des Ersatzes der Umzugskosten vgl. § 4 Abs. 3 MSchG.; bei Geschäftsräumen kann darüber hinaus eine besondere Entschädigung für sonstige wirtschaftliche Nachteile gemäß § 7 dieser Verordnung gewährt werden.

4. Auch die „besonderen Gründe" des Vermieters im Sinne der §§ 22, 23 MSchG. werden durch die Sonderregelung des § 4 dieser Verordnung verstärkt.

5. Zuständige Behörde ist die Behörde, der die Erfüllung der in Frage kommenden kriegswichtigen Aufgaben anvertraut sind; es kann dies eine Zivil- oder Militärbehörde sein. In der Regel wird es die zuständige Wehrwirtschaftsstelle oder die nach dem Reichsleistungsgesetz — oben 1 — zuständige Bedarfsstelle sein. Vgl. die Bekanntmachungen des Reichsministers des Innern vom 30. Aug., 13. und 20. Okt. 1939 (RGBl. I S. 1541, 2034 u. 2064).

6. Die Aufhebung des Mietverhältnisses erfolgt gemäß § 5 MSchG. für den Zeitpunkt, für den eine Kündigung nach Vertrag oder Gesetz zulässig sein würde. Die nach § 5 Abs. 1 Satz 2 MSchG. für die Fälle der §§ 2, 3 M.-SchG. auf Antrag des Vermieters mögliche **Aufhebung** des Mietverhältnisses **mit sofortiger Wirkung** wird auch auf den Fall des § 4 dieser Verordnung ausgedehnt.

7. Die sonst nach § 5a MSchG. für den Regelfall vorgeschriebene Gewährung einer angemessenen **Räumungsfrist** ist nach dem Vorbild des § 5a Abs. 1 Satz 2 (für bestimmte Aufhebungsgründe des § 2 M.-SchG.) für den Fall der Aufhebung des Mietverhältnisses wegen Inanspruchnahme der Räume für kriegswichtige Zwecke in eine Sollvorschrift umgewandelt. Es müssen außergewöhnliche Umstände, z. B. schwere Erkrankung des Mieters oder eines Familienangehörigen vorliegen, wenn eine Räumungsfrist gewährt werden soll. Die Beweislast für die besonderen Umstände trifft den Mieter. Demgegenüber kann aber der Vermieter den Nachweis erbringen, daß die Gewährung der Frist für ihn, d. h. für die beabsichtigte Verwendung, unbillige Härten mit sich bringt.

Die einmalige Verlängerung der etwa bewilligten Räumungsfrist kann auch hier im Rahmen des § 5a MSchG. ausgesprochen werden.

§ 5

Will der Mieter die Mieträume untervermieten, so kann die hierzu erforderliche Erlaubnis [1] von dem Vermieter nur aus einem wichtigen Grunde verweigert werden [2]. Auf Antrag des Mieters kann das Mieteinigungsamt die Erlaubnis ersetzen [3] [4].

1. Nach § 549 Abs. 1 Satz 1 BGB. ist der Mieter ohne die **Erlaubnis** des Vermieters nicht berechtigt, den Mietraum weiterzuvermieten. Nach § 7 Abs. 4 des Deutschen Einheitsmietvertrages — erläutert bei Kiefersauer, Mieterschutzrecht, 6. Aufl. S. 207 — darf der Mieter die Mieträume nur mit Zustimmung des Vermieters untervermieten. Versagt der Vermieter die Erlaubnis (Zustimmung), so hat der Mieter weder einen erzwingbaren Anspruch auf Erteilung der Erlaubnis noch einen Schadenersatzanspruch gegen den Vermieter, sofern dieser nicht vertraglich zur Erteilung der Erlaubnis verpflichtet war, Staudinger-Kiefersauer, 20 zu § 549. Dem Mieter bleibt nur die Kündigungsbefugnis gewahrt, die auch nicht durch eine Vertragsabrede ausgeschlossen werden kann (sog. gemißbilligte Klausel, Kiefersauer a. a. O. S. 187 Nr. 5).

Bei Pachtverhältnissen über Räume ist § 5 gemäß § 9 dieser Verordnung entsprechend anzuwenden. Dabei ist zu beachten, daß dem Pächter das vorzeitige Kündigungsrecht aus § 549 BGB. durch § 596 Abs. 1 BGB. versagt ist. Für den Pächter bedeutet daher die Möglichkeit der Ersetzung der Erlaubnis des Verpächters zur Unterverpachtung der Räume eine nicht unerhebliche Verstärkung seiner Rechtsstellung, da durch § 596 Abs. 1 BGB. die Unterverpachtung praktisch unmöglich gemacht ist, vgl. Staudinger-Kiefersauer, 1 zu § 596.

2. Ohne Rücksicht auf etwaige entgegenstehende Vertragsabreden verbietet § 5 dem Vermieter — nicht nur der Wohnräume, sondern aller Räume —, die erforderliche Erlaubnis aus einem anderen als einem **wichtigen Grunde** zu versagen. Der wichtige, d. h. die Versagung der Erlaubnis rechtfertigende Grund braucht nicht in der Person des in Aussicht genommenen Untermieters zu liegen (unsittlicher Lebenswandel, Störung der Hausgemeinschaft), er kann auch sachlich, z. B. durch die Rücksichtnahme auf die Belegung der Mieträume, gerechtfertigt sein.

3. Im Streitfall entscheidet das MEA. — unter Ausschluß richterlicher Nachprüfung — über das Vorliegen eines wichtigen Grundes dadurch, daß es an Stelle des Vermieters die Erlaubnis erteilt. Das MEA. wird — auch ohne eine dem bisherigen § 29 Satz 2 MSchG. entsprechende Vorschrift — die Erlaubnis versagen, wenn der Vermieter sie aus einem wichtigen Grund verweigert hat. Die Erteilung der Erlaubnis des MEA. macht die Raumüberlassung des Mieters an den Dritten zu einer befugten Überlassung und schließt die Aufhebungsklage des Vermieters aus § 2 MSchG. aus, vgl. Kiefersauer a. a. O. S. 46 Anm. 8. Insofern beeinflußt die Regelung des § 5 dieser Verordnung mittelbar das Mietaufhebungsverfahren aus § 2 MSchG. Hat der Mieter ohne Wissen oder gegen den Willen des Vermieter Räume untervermietet, so ist die Raumüberlassung auch dann eine unbefugte, wenn der Vermieter einen wichtigen Grund zur Verweigerung der Erlaubnis nicht besitzt, es sei denn, daß das MEA. die Erlaubnis ersetzt hat. Durch die Entscheidung des MEA. wird die Raumüberlassung — rückwirkend auf den Beginn des Untermietverhältnisses — zu einer befugten Gebrauchsüberlassung.

4. Die Vorschrift des § 5 findet keine Anwendung auf Mietverhältnisse, auf die die Vorschriften des ersten Abschnitts des Mieterschutzgesetzes auch nach §§ 1, 2 dieser Verordnung nicht anzuwenden sind, vgl. Einl. III 2.

Auf Untermietverhältnisse mit J u d e n findet § 5 dann keine Anwendung, wenn b e i d e Vertragsteile Juden sind, weil in diesem Fall nach § 3 Satz 2 JudMietG. eine Erlaubnis des Vermieters zur Untervermietung nicht erforderlich ist; eine Anrufung des MEA. kommt daher nicht in Frage. Dem n i c h t j ü d i s c h e n Mieter ist die Untervermietung an Juden durch § 3 Satz 1 JudMietG. untersagt; die Erteilung der Erlaubnis durch den Vermieter ist, auch wenn der Vermieter Jude ist, im Hinblick auf das gesetzliche Verbot wirkungslos. Ist der Vermieter Nichtjude, der M i e t e r (Untervermieter) dagegen J u d e, so würde an sich der Untervermietung an Juden mit Erlaubnis des Vermieters nichts im Wege stehen. Da aber nach dem Grundgedanken des JudMietG. die Absonderung der Juden aus jüdischen Häusern erstrebt, das Zusammenleben von Juden und Nichtjuden in einer Hausgemeinschaft nach Möglichkeit vermieden werden soll — vgl. Kiefersauer, Mieterschutzrecht 6. Aufl. S. 240 —, so ist die Verweigerung der Erlaubnis durch den nichtjüdischen Vermieter regelmäßig als durch einen wichtigen Grund gerechtfertigt anzusehen, Rexroth, DJ. 1939, 1551. Die Ersetzung der Erlaubnis des Vermieters durch das MEA. kommt in diesem Fall auch aus rassepolitischen Gründen nicht in Frage.

§ 6

(1) Stirbt der Mieter[1], so treten seine Familienangehörigen[2], bei denen die im § 19 Abs. 1 Satz 2 des Mieterschutzgesetzes bezeichneten Voraussetzungen vorliegen, in die Rechte und Pflichten des Mieters ein[3]. In diesem Fall ist eine Kündigung des Vermieters gemäß § 569 des Bürgerlichen Gesetzbuchs nicht zulässig[4]. Gibt ein Angehöriger[5] binnen einer Woche, nachdem er von dem Tode des Mieters Kenntnis erlangt hat, dem Vermieter gegenüber die Erklärung[6] ab, daß er das Mietverhältnis nicht fortsetzen wolle, so gilt hinsichtlich dieses Angehörigen der Eintritt als nicht erfolgt[7].

(2) Haben Ehegatten gemeinschaftlich[8] gemietet und stirbt einer von ihnen, so ist der andere berechtigt, das Mietverhältnis unter Einhaltung der gesetzlichen Frist für den ersten zulässigen Termin zu kündigen. Auf eine abweichende Vereinbarung kann sich der Vermieter nicht berufen.

1. Nach § 19 MSchG. bleibt das dem Vermieter beim **Tode des Mieters** nach § 569 BGB. zustehende vorzeitige Kündigungsrecht auch gegenüber vertraglichen Abreden des

Ausschlusses gewahrt. Die Kündigung des Vermieters ist aber bestimmten erbberechtigten nahen Familienangehörigen gegenüber unzulässig, wenn diese zum Hausstand des Erblassers gehört haben, vgl. Kiefersauer, Mieterschutzrecht, 6. Aufl. S. 79. Abs. 1 des § 6 dieser Verordnung erweitert den Schutz für diese Familienangehörigen auch für den Fall, daß sie nicht erbberechtigt sind; Abs. 2 gibt dem überlebenden Ehegatten, der Mitmieter ist, ein vorzeitiges Kündigungsrecht.

Die Vorschrift des § 6 gilt für die Mietverhältnisse auf bestimmte und unbestimmte Zeit. Wenn aber das Mietverhältnis auf Lebenszeit des Mieters abgeschlossen war und daher mit dem Tode des Mieters ohne weiteres beendigt worden ist, hat der „Eintritt in die Rechte und Pflichten" des Mieters keine Rechtswirkung, weil das Rechtsverhältnis mit dem Tode des Mieters erloschen ist. Eine „Fortsetzung" des Mietverhältnisses ist nicht möglich. Bei sonstigen Mietverhältnissen auf bestimmte Zeit dagegen erfolgt die Fortsetzung nach Ablauf der Mietzeit gemäß § 1 n MSchG.

Zu beachten ist, daß durch die Ausdehnung des Mieterschutzes auf alle Geschäftsräume die Vorschrift des § 19 Abs. 2 MSchG. wieder erhöhte Bedeutung gewonnen hat: die Kündigungsbefugnis des Vermieters ist bei Geschäftsräumen nur ausgeschlossen, wenn der Erbe des Mieters das Geschäft fortführt; unerheblich ist, ob dieser Erbe Familienangehöriger der in Abs. 1 Satz 2 bezeichneten Art ist oder ob er zum Hausstand des Erblassers gehörte. Der in Abs. 1 gesetzlich festgelegte Eintritt der in § 19 Abs. 1 Satz 2 MSchG. bezeichneten nicht erbberechtigten Familienangehörigen in die Rechte und Pflichten des verstorbenen Mieters kommt bei Geschäftsräumen nicht in Frage; auch die erbberechtigten Familienangehörigen genießen nicht den Schutz des § 19 Abs. 1 Satz 2 MSchG., vgl. § 19 Abs. 2 Satz 1 MSchG. sowie § 19 Abs. 4 des Mieterschutzgesetzes vom 1. Juni 1923, wo die dem Abs. 1 dieser Verordnung entsprechende Regelung ausdrücklich für nicht anwendbar erklärt worden ist. Abs. 1 dieser Verordnung ist deshalb nur auf Wohnräume, nicht auch auf Mischräume — zum Begriff vgl. Kiefersauer, Mieterschutzrecht, 6. Aufl.

S. 96 — und reine Geschäftsräume anzuwenden. Diese Rechtsauffassung ist nunmehr durch § 3 Vierte Ausf.-V. KSchVO. ausdrücklich bestätigt.

Die Vorschrift des Abs. 1 findet auf Pachtverhältnisse keine Anwendung, § 9 dieser Verordnung.

2. In Betracht kommen: der Ehegatte des Mieters, die Eltern, Großeltern und volljährigen Kinder, Enkel und Geschwister des verstorbenen Mieters, sofern sie im Zeitpunkt des Todes des Mieters zu dessen Hausstand gehört haben. Eine nicht nur vorübergehende Beteiligung am häuslichen Leben des Erblassers ist erforderlich. Andererseits ist Anwesenheit in der letzten Zeit vor dem Tode des Mieters nicht notwendig; bloß vorübergehende Abwesenheit, z. B. zum Besuch auswärtiger Schulen, Lehrwerkstätten usw. steht der Annahme der Zugehörigkeit zum Haushalt nicht entgegen. Nicht zum Hausstand gehört die getrennt lebende Ehefrau des Mieters, ferner nicht die verheiratete Tochter mit selbständigem Haushalt, auch wenn sie längere Zeit zur Pflege des Erblassers bei ihm wohnte. Volljährigkeit, der die Volljährigkeitserklärung gleichsteht, muß beim Tode des Mieters bereits vorhanden sein; sie ist nicht erforderlich für die Ehefrau des verstorbenen Mieters.

Soweit diese Familienangehörigen auf Grund Gesetz, Testament oder Erbvertrag erbberechtigt sind, sind sie in ihren ererbten Mietrechten gegen eine Kündigung des Vermieters durch § 19 Abs. 1 Satz 2 MSchG. geschützt.

Sind diese hausstandzugehörigen Familienangehörigen nicht Erben, z. B. Pflichtteilsberechtigte, Vermächtnisnehmer, so treten sie im Zeitpunkt des Todes des Mieters kraft Gesetzes (Abs. 1) in das Mietverhältnis zwischen Mieter und Vermieter ein. Das gleiche gilt für Erben, die auf die Erbschaft verzichten oder bei denen Erbunwürdigkeit vorliegt, §§ 2339, 2346 BGB. Der Eintritt der nicht erbberechtigten Familienangehörigen in das Mietverhältnis findet aber seit dem 28. Sept. 1939 nach § 3 Vierte AusfV. KSchVO. nicht statt, wenn erbberechtigte Familienangehörige des Mieters vorhanden sind, vgl. 3 zu § 3 Vierte AusfV. KSchVO.

3. Zwischen den hausangehörigen Familienmitgliedern

und dem Vermieter wird im Zeitpunkt des Todes ein gesetzliches Mietverhältnis begründet, dessen Rechtsinhalt sich nach dem bisher zwischen dem Vermieter und dem verstorbenen Mieter bestehenden Mietvertrag richtet. Diese gemäß Abs. 1 Satz 1 mit dem Tode des Mieters eintretende Rechtsfolge tritt nicht ein für die Familienangehörigen, die fristgemäß dem Vermieter gegenüber die Erklärung nach Abs. 1 Satz 2 abgeben.

Eine weitere Voraussetzung für den Eintritt der Familienangehörigen in das Mietverhältnis ist — abweichend von der Regelung in § 19 Abs. 2 des Mieterschutzgesetzes vom 1. Juni 1923, Kiefersauer, Grundstücksmiete, 2. Aufl. S. 73 — nicht vorgesehen; insbesondere ist eine vorausgehende Kündigung des Vermieters oder Erben gemäß § 569 BGB. nicht erforderlich. Die auf der gesetzlichen Regelung des § 6 Abs. 1 Satz 1 dieser Verordnung beruhende Rechtsnachfolge des Familienangehörigen in das Mietverhältnis des verstorbenen Mieters entfällt, wenn und soweit der Familienangehörige Erbe des Mieters ist; denn in diesem Falle ist er kraft Erbfolge (Gesetz, Testament, Erbvertrag) Rechtsnachfolger des Mieters in das Gesamtvermögen, also auch hinsichtlich der Rechte und Pflichten aus dem Mietvertrag (§§ 1922, 1942 BGB.). Diese Gesamtrechtsnachfolge des Erben geht der Einzelnachfolge in das Mietverhältnis vor. Der Unterschied beider Rechtsnachfolgeverhältnisse zeigt sich insbes. auch darin, daß nur der Erbe für die vor dem Tode des Mieters etwa entstandenen Mietzinsschulden dem Vermieter haftet, während der nach § 6 Abs. 1 in das Mietverhältnis eintretende nichterbberechtigte Familienangehörige für Mietzinsschulden aus der Zeit vor dem Tode des Mieters nicht haftet. Der von dem Familienangehörigen gewünschte Nichteintritt in das Mietverhältnis kann von dem Erben — abgesehen von der Auflösung des Mietverhältnisses durch Vereinbarung oder Kündigung — nur durch fristgerechte Ausschlagung der Erbschaft gegenüber dem Nachlaßgericht (§ 1945 BGB.), von dem nichtberechtigten Angehörigen dagegen durch fristgerechte Erklärung gegenüber dem Vermieter nach § 6 Abs. 1 Satz 2 dieser Verordnung verwirklicht werden.

Die Rechtsstellung des Vermieters gegenüber den in § 19 Abs. 1 Satz 2 bezeichneten Familienangehörigen ist folgende: gegenüber den erbberechtigten Angehörigen ist ihm nach § 19 Abs. 1 Satz 2 MSchG. das Kündigungsrecht aus § 569 BGB. versagt; die Auflösung des Mietverhältnisses kann er nur im Wege der Aufhebungsklage gemäß §§ 2, 3 und 4 MSchG. und § 4 Erste AusfV. KSchVO. erreichen. Gegenüber den nichterbberechtigten Angehörigen, die gemäß Abs. 1 Satz 1 in das Mietverhältnis eintreten, hat der Vermieter nur die Möglichkeit der Erhebung der Aufhebungsklage; das Kündigungsrecht aus § 569 BGB. kann er nur den Erben des Mieters gegenüber geltend machen, vgl. unten 4.

Der Erbe des Mieters tritt mit dem Tode des Mieters in die Rechte und Pflichten des Mieters ein, gleichviel ob er zu den in § 19 Abs. 1 Satz 2 MSchG. bezeichneten Familienangehörigen gehört oder nicht. Er ist deshalb an sich berechtigt, in dem bisherigen Umfang den Mietraum zu benutzen; bei einer Mehrheit von Erben kann also immer nur eine Familie die Räume beziehen. Insoweit entsteht ein Mietrechtsverhältnis zwischen dem Vermieter und dem Erben des Mieters, der zur Zahlung des vom Erblasser bisher entrichteten Mietzinses verpflichtet ist. Dies gilt auch dann, wenn nicht erbberechtigte Familienangehörige vorhanden sind, deren Mietbesitz durch § 6 Abs. 1 Satz 1 dieser Verordnung geschützt ist. Der Erbe kann das Mietverhältnis vorzeitig nur gemäß § 569 BGB. gegenüber dem Vermieter kündigen; unterläßt er dies, so bleibt nur die vertragliche Kündigung. Es besteht hiernach bis zur Kündigung oder Vereinbarung zwischen Erben und Vermieter einen Doppelmietverhältnis über die Mieträume des Erblassers: der Erbe ist Mieter und der nichterbberechtigte Familienangehörige ist Mieter. Die Rechtslage wird schwierig, wenn Familienangehörige der in § 19 Abs. 1 Satz 2 MSchG. bezeichneten Art nebeneinander erbberechtigt und nicht erbberechtigt sind, z. B. der überlebende Ehegatte ist Alleinerbe, die im Haushalt des Erblassers wohnende Schwester ist Vermächtnisnehmerin. In diesem Fall ist die Ehefrau Mieterin kraft Erbfolge, die Schwester gemäß § 6 Abs. 1 Satz 1 dieser Verordnung. Jede der beiden Personen ist dem Vermieter zur Zahlung des ganzen Mietzinses verpflichtet, es sei denn, daß man eine Befreiung des Erben von der Zahlung des Mietzinses annehmen will, wenn er nicht im Besitz der Mietsache ist. Das Doppelmietverhältnis ermöglicht es dem Vermieter, den zahlungsfähigeren der beiden Mieter voll und ganz in Anspruch zu nehmen. Von seiten der Mieter kann die Ehefrau als Erbin nach § 569 BGB. unter Einhaltung der gesetzlichen Frist auf den nächstzulässigen Termin kündigen, während die Schwester, sofern sie nicht eine Erklärung nach § 6 Abs. 1 Satz 2 dieser Verordnung abgegeben hat, nur nach Maßgabe des Mietvertrages des verstorbenen Mieters kündigen kann und daher z. B. einen Mietvertrag auf Zeit aushalten muß.

Durch § 3 Vierte AusfV. KSchVO. wird mit Wirkung vom 28. Sept. 1939 diese Rechtslage dahin geändert, daß beim Vorhandensein auch nur eines von mehreren erbberechtigten nahen Familienangehörigen der Eintritt des nicht erbberechtigten Familienangehörigen in das Mietverhältnis ausgeschlossen wird, und zwar auch dann, wenn der erbberechtigte Angehörige nicht Alleinerbe, sondern Miterbe zusammen mit Dritten ist, vgl. 3 zu § 3 Vierte AusfV. KSchVO. In dem oben angeführten Beispiel tritt daher die Schwester des Erblassers als Vermächtnisnehmerin neben der allein erbberechtigten Ehefrau des Mieters nicht in das Mietverhältnis ein.

Sind bei dem Doppelmietverhältnis auf Seite der Erben, der erbberechtigten oder nichterbberechtigten Familienangehörigen mehrere Personen berechtigt, so gilt der Grundsatz, daß das Mietverhältnis von dieser Mehrheit oder gegenüber dieser Mehrheit von Erben oder Mietern nur einheitlich gekündigt werden kann, vgl. OLG. Frankfurt JW. 1920, 1042; RG. Recht 1924 Nr. 631. Von und gegenüber den erbberechtigten Familienangehörigen kann immer nur einheitlich gehandelt werden; das gleiche gilt für den Kreis der nicht erbberechtigten Familienangehörigen. Dem steht nicht entgegen, daß jeder Angehörige für sich die Erklärung nach § 6 Abs. 1 Satz 3 dieser Verordnung abgeben kann.

4. Durch die Regelung nach Satz 1 wird ein *gesetzliches Mietverhältnis* zwischen den nichterbberechtigten Familienangehörigen und dem Vermieter begründet. § 569 BGB. geht aber von der Annahme aus, daß das zwischen dem verstorbenen Mieter und dem Vermieter bestehende Mietverhältnis durch den Tod des Mieters eine „durchgreifende Änderung in den persönlichen Verhältnissen der Parteien" erfahren habe, vgl. Staudinger-Kiefersauer, 1 zu § 569. Dies ist hier nicht der Fall, da es sich um die Neubegründung eines Mietverhältnisses aus Anlaß des Todes des bisherigen Mieters handelt. Der Ausschluß des Kündigungsrechts des Vermieters in Satz 2 stellt daher nur eine bereits bestehende Rechtslage klar. Der Vermieter ist gegenüber den nicht erbberechtigten Familienangehörigen nur auf die Mietaufhebungsklage angewiesen.

5. Bei einer Mehrheit von Familienangehörigen kann jeder für sich die Erklärung abgeben. Die Frist zur Erklärungsabgabe kann für jeden Angehörigen unter Umständen von einem anderen Zeitpunkt an laufen, je nachdem er vom Tode des Mieters Kenntnis erhält.

6. Die Erklärung, die keiner Form bedarf, muß innerhalb der Wochenfrist nach Kenntnis vom Tode des Mieters dem Vermieter gegenüber abgegeben werden. Inhaltlich muß die Erklärung zum Ausdruck bringen, daß der Familienangehörige an dem Recht aus Satz 1 nicht Gebrauch machen, daß er in das Mietverhältnis nicht eintreten will.

7. Durch die Abgabe der Erklärung wird die mit dem Tode des Mieters eingetretene Rechtsnachfolge in das Mietverhältnis rückwirkend wieder beseitigt.

8. Die Vorschrift des Abs. 2 findet nur Anwendung, wenn **Ehegatten** *gemeinschaftlich* als Mieter aufgetreten sind. Dies ist regelmäßig der Fall, wenn *beide* Ehegatten den Mietvertrag unterzeichnet haben, vgl. § 14 DEMV., Kiefersauer, Mieterschutzrecht, 6. Aufl. S. 221.

War der Mietvertrag mit *mehreren Mietern* abgeschlossen, dann kommt § 569 BGB. für den Vermieter nicht zur Anwendung, wenn einer der Mieter stirbt; denn das Mietverhältnis ist unteilbar und wird von den Erben des verstorbenen Mieters und von dem überlebenden Mieter in dem bisherigen Umfang fortgesetzt. In der Regel hat aber auch weder der Erbe noch der überlebende Mieter ein Kündigungsrecht. Ausnahmen sind, je nach der Stellung, die der einzelne Mieter nach der Absicht der Vertragsteile innerhalb der Mietverhältnisse einnehmen soll, möglich, vgl. RG. JW. 1917, 849 = RGZ. 90, 328; insbes. bei bloßer Mitunterzeichnung des Mietvertrags durch die Ehefrau des Mieters braucht nicht immer ein selbständiges, vom Recht des Ehemanns unabhängiges Mietrecht angenommen zu werden, vgl. OLG. Celle und OLG. Kolmar, OLG. 33, 316 und 317.

Den besonderen Verhältnissen beim Abschluß des Mietvertrages durch die beiden Eheleute trägt die Regelung des § 6 Abs. 2 Satz 1 dadurch Rechnung, daß dem überlebenden Ehegatten ohne Rücksicht auf eine etwa entgegenstehende vertragliche Regelung (Satz 2) ein selbständiges Kündigungsrecht eingeräumt wird. Erster zulässiger Termin ist der früheste Termin, zu dem vom Tode des Ehegatten an unter Einhaltung der gesetzlichen Kündigungsfrist gekündigt werden kann.

Das Kündigungsrecht besteht bei Mietverhältnissen auf bestimmte Zeit und bei Mietverhältnissen von unbestimmter Dauer. Es gilt auch für Pachtverhältnisse über Räume.

Das vorzeitige Kündigungsrecht des überlebenden Ehegatten besteht ohne Rücksicht darauf, ob er Alleinerbe des verstorbenen Ehegatten ist oder nicht. Auch der Nichterbe oder Miterbe ist kündigungsberechtigt. Auch wenn der Ehegatte Alleinerbe ist, so steht ihm das Kündigungsrecht immer nur kraft der Vorschrift des § 6 Abs. 2 dieser Verordnung zu; ein Zusammentreffen dieses Kündigungsrechts mit dem Kündigungsrecht aus § 569 BGB. — so Rexroth DJ. 1939, 1553 — kommt nicht in Frage, weil der überlebende Ehegatte als Mitmieter zur Fortsetzung des Mietverhältnisses verpflichtet ist und auch nach RGZ. 90, 328 nur unter besonderen Umständen dem Mitmieter das Recht zur Auflösung des Mietverhältnisses zuerkannt werden kann.

Das vorzeitige Kündigungsrecht des überlebenden Ehegatten gilt für Miet- und Pachtverhältnisse über Wohnräume, Geschäftsräume und Mischräume, vgl. 5 zu § 1.

§ 7

Wird ein Mietverhältnis über Geschäftsräume[1] lediglich[2] auf Grund des § 4 Abs. 1 des Mieterschutzgesetzes aufgehoben, so kann das Gericht auf Antrag[3] des Mieters, soweit es zum Ausgleich unbilliger Härten erforderlich ist, den Vermieter außer zum Ersatz von Umzugskosten[4] zur Leistung einer angemessenen Entschädigung[5] für die sonstigen wirtschaftlichen Nachteile verpflichten, die der Mieter durch den Verlust der Räume erleidet. Die Vorschriften der § 4 Abs. 4 bis 6, § 6 Abs. 2 Satz 1, 3 und 4, § 14 Abs. 1 bis 3 und § 16 des Mieterschutzgesetzes gelten entsprechend[3].

1. Die Vorschrift des § 7 stellt eine Ergänzung des § 4 MSchG. dar, der die Aufhebung des Mietverhältnisses wegen des überwiegenden Interesses des Vermieters an der Erlangung des Mietraumes zuläßt; hierher zählt ins- insbesondere die Inanspruchnahme der Räume für kriegswichtige Zwecke, § 4 dieser Verordnung. Die Ergänzung des § 4 MSchG. beschränkt sich auf Mietverhältnisse über **Geschäftsräume**; bei Wohnräumen verbleibt es bei der Regelung der Entschädigung der Umzugskosten in § 4 Abs. 3 MSchG.

Geschäftsräume im Sinne des § 7 sind nicht nur die reinen G e s c h ä f t s r ä u m e, sondern auch die sog. M i s c h r ä u m e, d. h. Geschäftsräume, die Teile einer Wohnung bilden oder wegen ihres wirtschaftlichen Zusammenhangs mit Wohnräumen zugleich mit solchen vermietet sind, vgl. Kiefersauer, Mieterschutzrecht, 6. Aufl. S. 95.

Die Vorschrift des § 7 gilt auch bei der Aufhebung von P a c h t v e r t r ä g e n über Räume lediglich wegen überwiegenden Eigeninteresses des Verpächters.

2. Die Aufhebung des Mietverhältnisses muß l e d i g l i c h wegen des überwiegenden Interesses des Vermieters an der Erlangung des Mietraumes erfolgt sein, § 4 M.-

SchG., § 7 Dritte AusfV. KSchVO. Wird gleichzeitig das Vorliegen eines der Aufhebungstatbestände der §§ 2, 3 MSchG. oder des § 4 Erste AusfV. KSchVO. festgestellt, so findet § 7 keine Anwendung.

3. Der Mieter ist über das Antragsrecht zu belehren, § 4 Abs. 5 MSchG. Die Entscheidung erfolgt nach dem Ermessen des Gerichts nach Billigkeitsgrundsätzen. Soweit die Ersatzpflicht des Vermieters im Urteil ausgesprochen wird, ist auf Antrag des Mieters die Zwangsvollstreckung von der Hinterlegung eines Geldbetrages abhängig zu machen, § 4 Abs. 4 MSchG.; wegen der Möglichkeit des Erlasses einer einstweiligen Verfügung gilt § 4 Abs. 6 M.-SchG.

Der Vermieter kann die Aufhebung der Vollstreckungsbeschränkung nach Maßgabe des § 6 Abs. 2 Satz 1, 3 und 4 MSchG. verlangen. Wegen der Erteilung der vollstreckbaren Ausfertigung gilt § 16 MSchG.

Über die sofortige Beschwerde (§ 14 MSchG.) entscheidet seit 28. Sept. 1939 der für die Entscheidung über die Berufung zuständige Senat des Oberlandesgerichts, vgl. 1 zu § 1 Vierte AusfV. KSchVO.

4. Für die Verpflichtung des Vermieters zum Ersatz der Umzugskosten innerhalb der Gemeinde gelten die Grundsätze des § 4 Abs. 3 MSchG., vgl. Kiefersauer a. a. O. S. 54.

5. Die **Entschädigung für sonstige wirtschaftliche Nachteile,** die dem Mieter durch die Aufgabe der Geschäftsräume entstehen, dient zum Ausgleich unbilliger Härten. Geschäftsräume bilden in vielen Fällen, insbes. für kleine Geschäftsleute und Handwerker, die Existenzgrundlage. Soweit diese Lebensgrundlage in engstem Zusammenhang mit der Lage der Mieträume steht, bedeutet die Aufgabe der Mieträume eine oft sehr erhebliche Schädigung der wirtschaftlichen Interessen des Geschäftsinhabers. Dies gilt insbesondere dann, wenn das Geschäft bereits viele Jahre am gleichen Platze geführt wird und eine gewisse Stammkundschaft erworben hat. Für bestimmte Geschäfte an bestimmten Straßen ist auch die sog. Laufkundschaft von großer Bedeutung. Dazu kommt, daß der Mieter vielfach besondere Aufwendungen zur Ausstattung des Geschäfts gemacht hat, meist im Vertrauen auf die Fortdauer des Mietverhältnisses.

Der Vermieter wird bei der Neuvermietung der Geschäftsräume oft aus den bisherigen geschäftlichen Leistungen und den sachlichen Aufwendungen des Mieters Vorteile ziehen können, während andererseits der abziehende Mieter für den Neuaufbau des Geschäftes in anderen Räumen unter Umständen erhebliche Mehraufwendungen für Miete, für Kundenwerbung, für Neueinrichtung usw. machen muß.

Diese Gesichtspunkte, deren Grundlinien der RfP. in Ziffer 18, 19 des RE. 66/39 bereits aufgezeigt hat — Kiefersauer, Mieterschutzrecht 6. Aufl. S. 320 —, sind bei der Zubilligung der besonderen Entschädigung des § 7 zu beachten. In schwierigeren Fällen empfiehlt es sich, ein Gutachten der Industrie- und Handelskammer einzuholen, vgl. Ziff. 20 RE. 66/39.

§ 8

(1) Die Vorschriften über den Kündigungsschutz [1] gelten auch, wenn die Kündigung [2] vor Inkrafttreten [3] dieser Verordnung für einen nach dem 31. August 1939 liegenden Zeitpunkt ausgesprochen ist, es sei denn, daß die Räumung bereits erfolgt ist [4]. Beim Vorliegen eines Mietaufhebungsgrundes kann der Vermieter die Aufhebung des Mietverhältnisses für den Zeitpunkt begehren, für den die Kündigung ausgesprochen war [5]. Ist ein Räumungsprozeß anhängig [6], so kann der Kläger von der Räumungsklage zur Mietaufhebungsklage übergehen. Nimmt der Kläger die Räumungsklage zurück, so werden die Gerichtskosten niedergeschlagen und die außergerichtlichen Kosten gegeneinander aufgehoben. § 271 Abs. 1 der Zivilprozeßordnung findet keine Anwendung [7].

(2) Die Verordnung über Maßnahmen der Preis-

behörden bei Kündigungen von Miet- und Pachtverhältnissen vom 19. April 1939 (Reichsgesetzbl. I S. 799) und die dazu ergangenen Durchführungsbestimmungen [8] treten bis auf weiteres außer Kraft [9]. Sie sind nur noch zur Beendigung solcher Verfahren anzuwenden, bei denen die Kündigung für einen vor dem 1. September 1939 liegenden Zeitpunkt ausgesprochen ist [10].

1. D. h. die Vorschriften dieser Verordnung über die Ausdehnung des Mieterschutzes, vgl. §§ 1, 2 Abs. 1 gilt auch für Pachtverhältnisse über Räume, § 9.

2. Nur die Kündigung über Raummietverhältnisse kommt in Betracht, 4 zu § 1. Im Rahmen der sog. Kündigungsschutzverordnung des RfP. vom 19. April 1939 — unten 8 — konnte der Mieter dem Vermieter gegenüber Widerspruch erheben. Ob dies geschehen ist oder nicht, ist für die Anwendung des Abs. 1 unerheblich. Wann die Kündigung des Vermieters — die des Mieters kommt hier nicht in Betracht — vor dem Inkrafttreten dieser Verordnung ausgesprochen worden ist, bleibt unbeachtlich. Maßgebend ist nur, daß der Zeitpunkt, zu dem die Kündigung wirksam sein, d. h. das Mietverhältnis beendigen soll, nach dem 31. August 1939 liegt. Für Kündigungen zu einem früheren Zeitpunkt verbleibt es bei der bisherigen Rechtslage; das gleiche gilt, wenn die Räumung der Mieträume vor dem Inkrafttreten der Verordnung bereits erfolgt ist.

Wegen der Möglichkeit der Vollstreckbarerklärung von Entscheidungen der Preisbehörden, von Vergleichen und Verpflichtungen vor den Preisbehörden vgl. 1 zu § 2 Vierte AusfV. KSchVO.

3. Die Dritte AusfV. KSchVO. ist am 6. Sept. 1939 im Reichsgesetzblatt Nr. 167 verkündet worden. Nach § 2 des Gesetzes über die Verkündung von Rechtsverordnungen vom 13. Okt. 1923 (RGBl. I S. 959) ist sie am folgenden Tage, also am **7. Sept. 1939**, in Kraft getreten.

4. Mit diesen beiden Einschränkungen gilt daher die Ausdehnung des Mieterschutzes auch für Mietverhältnisse, die vom Vermieter nach der bisherigen Gesetzgebung frei gekündigt werden konnten und rechtswirksam gekündigt worden sind, soweit sie von der Ausdehnung des Mieterschutzgesetzes gemäß §§ 1, 2 dieser Verordnung betroffen werden.

Räumungsprozesse, bei denen es sich um die Durchführung einer Kündigung handelt, die für einen vor dem 1. Sept. 1939 liegenden Zeitpunkt ausgesprochen worden ist, werden nach bisherigem Recht durchgeführt. Der Mieter kann sich nicht auf die inzwischen erfolgte Ausdehnung des Mieterschutzes berufen. Wegen der Vereinfachung des Verfahrens vor den Amtsgerichten und der Zuständigkeit der Oberlandesgerichte zur Entscheidung über die Berufung vgl. §§ 9, 10 der Verordnung über Maßnahmen auf dem Gebiete der Gerichtsverfassung und der Rechtspflege vom 1. Sept. 1939 (RGBl. I S. 1658). Wegen der Unterbrechung und Aussetzung von Prozessen bei Beteiligung von Wehrmachtsangehörigen — Begriff Einl. II 4 —, der Bestellung von Prozeßvertretern sowie der Möglichkeit der in das freie richterliche Ermessen des Vollstreckungsgerichts gestellten Beschränkung der Zwangsvollstreckung von Räumungsurteilen vgl. Art. 1, 2 und 6 der Verordnung über Maßnahmen auf dem Gebiete des bürgerlichen Streitverfahrens, der Zwangsvollstreckung, des Konkurses und des bürgerlichen Rechts vom 1. Sept. 1939 (RGBl. I S. 1656). Nach Artikel 6 Nr. 3 kann das Vollstreckungsgericht die Maßnahmen der Zwangsvollstreckung nicht nur ganz oder teilweise aufheben oder einstweilen einstellen (aufschieben), sondern auch die Zwangsvollstreckung vor ihrem Beginn untersagen und zwar ohne Antrag, ohne Anregung, von Amts wegen, wenn es der Auffassung ist, daß die Beschränkung im Interesse des Schuldners dringend geboten ist und dem Gläubiger nach Lage der Verhältnisse zugemutet werden kann, vgl. Merten, DJ. 1939, 1484. Gegen die Anordnung des Vollstreckungsgerichts ist sofortige Beschwerde nach § 793 ZPO. möglich.

5. Der Zeitpunkt der Aufhebung des Mietverhältnisses kann, abweichend von § 5 MSchG., vorverlegt werden und zwar auf den Zeitpunkt, zu dem die an sich rechtswirksam, aber gemäß Satz 1 in ihrer Wirksamkeit nachträglich gehemmte Kündigung vom Vermieter ausgesprochen worden ist.

6. Anhängige **Räumungsprozesse** — vgl. oben 4 — werden, soweit der Räumung eine nach der Ausdehnung des Mieterschutzgesetzes nicht mehr zulässige Kündigung des Mietverhältnisses durch den Vermieter zugrunde liegt, in das Mietaufhebungsverfahren übergeleitet, es sei denn, daß der Vermieter die Räumungsklage zurücknimmt, s. unten 7. Nicht hierher gehören z. B. Räumungsverfahren, wenn das Mietverhältnis durch Kündigung des Mieters oder durch freie Vereinbarung beendet worden ist, vgl. Kiefersauer, Mieterschutzrecht, 6. Aufl. S. 88.

7. Die Zurücknahme der Räumungsklage wird durch die Vorschriften der Sätze 4 und 5 erleichtert. Abweichend von § 271 Abs. 1 ZPO. ist die Zurücknahme jederzeit auch ohne Einwilligung des Beklagten zulässig.

8. Kiefersauer, Mieterschutzrecht, 6. Aufl. S. 224, 313. Hiernach war die Preisbehörde berufen, in dem vom Vermieter auf Widerspruch des Mieters gegen die Kündigung bei der Preisbehörde anhängig gemachten Verfahren, über die Wirksamkeit der Kündigung zu entscheiden. Bei der überaus eingehenden Regelung der formellen und sachlichen Voraussetzungen des Verfahrens vor der Preisbehörde wurde aber nicht der Unwirksamkeitserklärung nach § 4 Satz 1 der Verordnung vom 19. August 1939, sondern der Entscheidung über die Entschädigung (§ 4 Satz 2) ausschlaggebende Bedeutung beigelegt, vgl. Lampe, DRW. 1939, 1214. Dies gilt insbesondere für die Entschädigung des Mieters von Geschäftsräumen (Ziff. 18 des RE. 66/39), deren Grundgedanke auf § 7 dieser Verordnung übergegangen ist.

9. Die Kündigungsregelung des RfP. ist seit 7. Sept. 1939 bis auf weiteres außer Kraft getreten. Es findet also ein Widerspruchsverfahren nicht mehr statt. Die Preisbehörden haben bei Kündigungen nicht mehr einzugreifen, soweit die Ausdehnung des Mieterschutzgesetzes Platz greift, vgl. Ziff. 16 RE. 184/37, Kiefersauer, Reichsmietengesetz, 6. Aufl. S. 150.

Für die wenigen Fälle, in denen die Beschränkungen des Mieterschutzgesetzes nicht gelten — Einl. III 2 —, verbleibt es bei der **Zuständigkeit der Preisbehörden** gemäß Ziff. 13 bis 15 RE. 184/37. Insbesondere gilt wiederum der allgemeine Grundsatz, daß eine Kündigung zum Zwecke der Mietzinssteigerung nichtig ist, vgl. Einl. V.

Die Zuständigkeit der Preisbehörden hinsichtlich der Überwachung der Mietpreisbildung nach dem RE. 184/37 bleibt unberührt, Kiefersauer a. a. O. S. 131.

Hierzu wird in dem RE. 99/39 vom 27. Sept. 1939 (MittBl. I S. 448) vom Reichskommissar für die Preisbildung folgendes ausgeführt:

„Über die bis zum 1. September 1939 eingegangenen Mietzinssenkungs- und -erhöhungsanträge für Wohnräume ist mit möglichster Beschleunigung zu entscheiden. Die Entscheidung kann jedoch ausgesetzt werden, wenn sie zuungunsten einer Partei ausgehen würde, die zum Wehrdienst einberufen ist.

Alle nach dem 1. September 1939 eingegangenen Anträge sind den Antragstellern kurzerhand zurückzugeben. Die Bestimmungen meines Runderlasses Nr. 184/37 haben Mietern wie Vermietern ausreichende Gelegenheit gegeben, bei überhöhten oder besonders niedrigen Mieten entsprechende Anträge bei den Preisbehörden zu stellen. Es ist daher nicht zu billigen, wenn Mieter oder Vermieter, die sich bisher mit dem bestehenden Mietzins zufrieden gegeben haben, in dieser Zeit die Unangemessenheit ihres Mietzinses glauben feststellen zu müssen. Zu bearbeiten sind lediglich Mietzinserhöhungsanträge wegen Vornahme baulicher Verbesserungen, die unmittelbar nach erfolgter Wertverbesserung gestellt werden und denen die Einwilligung des Mieters beigefügt ist. Eine weitere Ausnahme ist ferner für solche bei Mieterwechsel gestellte Anträge zu machen, die die Angleichung von Gefälligkeitsmieten im Sinne von Ziff. 50 des Runderlasses Nr. 184/37 zum Gegenstand haben.

Aufsichtsbeschwerden sind weiterhin zu erledigen."

10. Nur solche anhängige Verfahren sind von den Preisbehörden zu Ende zu führen, in denen die

Kündigung für einen vor dem 1. Sept. 1939 liegenden Zeitpunkt ausgesprochen worden ist. Wird die Kündigung von der Preisbehörde mit oder ohne gleichzeitige Festsetzung einer Entschädigung und Gewährung einer Räumungsfrist (§ 7 DurchfVO.; Kiefersauer, Mieterschutzrecht, 6. Aufl. S. 318) zugelassen und verweigert der Mieter die Herausgabe der Mieträume, so ist der Vermieter auch nach dem 6. Sept. 1939 befugt, Räumungsklage zu erheben; der Mieter kann sich in dem Räumungsverfahren auf die Ausdehnung des Mieterschutzes nicht berufen. Das Gericht ist an die Entscheidung der Preisbehörde über die Zulässigkeit der Kündigung gebunden, § 8 Abs. 2 der Kündigungsverordnung, Kiefersauer a. a. O. S. 237. Wegen der Vereinfachung des Verfahrens vor dem Amtsgericht vgl. Bem. 4.

Schwebende Verfahren, in denen die Kündigung für einen nach dem 31. August 1939 liegenden Zeitpunkt ausgesprochen ist, sind, da hier nach Abs. 1 Satz 1 regelmäßig das Mieterschutzgesetz Platz greift, für erledigt zu erklären. Gemäß RE. 92/39 vom 15. Sept. 1939 (MittBl. II S. 220) sind in diesen Fällen die Kosten des Verfahrens niederzuschlagen und bereits gezahlte Kosten sind zurückzuerstatten. Die Parteien sind nach vorgeschriebenem Muster zu verständigen. Dem Vermieter bleibt nach Erledigung des Verfahrens vor den Preisbehörden die Möglichkeit, die Mietaufhebungsklage vor dem Amtsgericht zu erheben oder, soweit die Ausdehnung des Mieterschutzgesetzes ausnahmsweise nicht Platz greift, neuerdings gemäß § 564 BGB. das Mietverhältnis zu kündigen.

Neue Anträge werden von der Preisbehörde unter Hinweis auf die Rechtlage zurückzugeben sein, soweit nicht eine Ausnahmebewilligung nach § 3 PStopV. in Frage kommt.

§ 9

Der 1. Abschnitt des Mieterschutzgesetzes und die Vorschriften dieser Verordnung[1] mit Ausnahme des § 6 Abs. 1[2] gelten entsprechend für Pachtverhältnisse und Unterpachtverhältnisse über Räume.

1. Die entsprechende Anwendung der §§ 1—35 MSchG. auf **Raumpachtverhältnisse** gibt dem Pächter den gleichen Schutz hinsichtlich der Pachträume wie dem Mieter. Im einzelnen vgl. Einl. IV.

2. Der Eintritt nichterbberechtigter Familienangehöriger des verstorbenen Pächters in das Pachtverhältnis findet nicht statt. Erbberechtigte Angehörige des Pächters sind gegen die Kündigung des Verpächters durch die Ausdehnung des Mieterschutzgesetzes genügend geschützt; ein vorzeitiges Kündigungsrecht des Verpächters nach § 569 BGB. ist durch § 596 Abs. 2 BGB. ausgeschlossen, weshalb insoweit eine entsprechende Anwendung des § 19 M.-SchG. nicht in Frage kommt. Ist dem Verpächter — abweichend von der Regelung des § 596 Abs. 2 BGB. — im Pachtvertrag ein außerordentliches Kündigungsrecht eingeräumt, so darf er von diesem Recht

a) bei Wohnräumen gegenüber erbberechtigten nahen Familienangehörigen (§ 19 Abs. 1 Satz 2 MSchG.) und

b) bei Geschäftsräumen gegenüber dem Erben, der das Geschäft fortführt (§ 19 Abs. 2 Satz 2 MSchG.)

keinen Gebrauch machen, Lemme, GrundE. 1939, 796.

Das Kündigungsrecht des Erben des Pächters bleibt bestehen, § 581 Abs. 2 BGB. und zwar auch dann, wenn es durch Vertrag ausgeschlossen sein sollte, § 19 Abs. 1 Satz 1 MSchG.

Verordnung über Kündigungsschutz für Miet- und Pachträume in der Ostmark und im Reichsgau Sudetenland.

Vom 31. August 1939 (RGBl. I S. 1602).

Auf Grund der in der Ostmark und im Reichsgau Sudetenland eingeführten Verordnung des Führers und Reichskanzlers zur Durchführung des Vierjahresplans vom 18. Oktober 1936 (Reichsgesetzbl. I S. 887) verordne ich folgendes:

Meine Verordnung über Kündigungsschutz für Miet- und Pachträume vom 28. August 1937 (Reichsgesetzbl. I S. 917)[1] gilt auch in der Ostmark und im Reichsgau Sudetenland. Artikel I Buchstabe b[2] der Verordnung ist sinngemäß anzuwenden.

Der Beauftragte für den Vierjahresplan:

Göring
Generalfeldmarschall

1. Kiefersauer, Mieterschutzrecht, 6. Aufl. S. 142.
2. Anpassung des österreichischen Mietengesetzes und des sudetendeutschen Mieterschutzgesetzes an die Grundgedanken der beabsichtigten Neuregelung.

Verordnung zur Ausführung der Verordnung über Kündigungsschutz für Miet- und Pachträume in der Ostmark*).

Vom 5. September 1939 (RGBl. I S. 1671, 1742).

Auf Grund der Verordnung über Kündigungsschutz für Miet- und Pachträume in der Ostmark und im Reichsgau Sudetenland vom 31. August 1939 (Reichsgesetzbl. I S. 1602) und des Artikels I der Verordnung über Kündigungsschutz für Miet- und Pachträume vom 28. August 1937 (Reichsgesetzbl. I S. 917) wird folgendes verordnet:

§ 1

Die in dem Mietengesetz in der Fassung der Verordnungen vom 22. Juni 1929 (BGBl. Nr. 210) und

*) Vgl. hierher Stagel DJ. 1939, 1605.

vom 21. Juli 1933 (BGBl. Nr. 325), der Bundesgesetze Nr. 184/1936 und 235/1937 im § 1 Abs. 2 Ziffer 1, 2 und 7, Abs. 4 und 5 enthaltenen Ausnahmen von dem Anwendungsbereich des Gesetzes[1] werden hinsichtlich der Vorschriften über die Kündigungsbeschränkungen (§§ 19 bis 23) aufgehoben. Das gleiche gilt für die das Verhältnis zwischen Haupt- und Untermieter betreffende Ausnahme im § 1 Abs. 2 Ziffer 8 des Mietengesetzes, sofern der Untermieter die Räume ganz oder überwiegend mit Einrichtungsgegenständen ausgestattet hat oder in den Räumen mit seiner Familie eine selbständige Wirtschaft oder Haushaltung führt[2].

1. Einschränkungen des Geltungsbereichs des Mietengesetzes werden wie in § 1 Dritte AusfV. KSchVO. — Anm. 7 — beseitigt.

2. Vgl. § 2 Abs. 2 Dritte AusfV. KSchVO. — Anm. 6 und 7.

§ 2

Ein Grund zur Aufhebung des Vertrags gemäß § 1118 des Allgemeinen Bürgerlichen Gesetzbuchs und ein wichtiger Kündigungsgrund im Sinne des § 19 des Mietengesetzes liegt vor, wenn die Mieträume für kriegswichtige Zwecke[1] benötigt werden. Zum Nachweis hierfür genügt eine Bescheinigung der zuständigen Behörde. Eine längere[2] als die gesetzliche Räumungsfrist (§ 38 des Mietengesetzes) soll nur gewährt werden, wenn besondere Umstände es dringend geboten erscheinen lassen.

1. Vgl. die Erläuterungen zu § 4 Dritte AusfV. KSch.-VO.

2. Anders als nach § 4 Satz 3 Dritte AusfV. KSchVO. wird auch bei Inanspruchnahme für kriegswichtige Zwecke eine Räumungsfrist grundsätzlich gewährt, nur soll sie in aller Regel nicht länger als die gesetzliche Frist sein.

§ 3

Auf ein vertragliches Verbot der Untervermietung [1] kann sich der Vermieter nur berufen, wenn ein wichtiger Grund [2] gegen die Untervermietung vorliegt. Auf Antrag des Mieters entscheidet über die Zulässigkeit der Untervermietung die Mietkommission.

1. Entsprechend der Regelung in § 5 Dritte AusfV. KSchVO. soll die Untervermietung erleichtert werden.

2. Vgl. 2 zu § 5 Dritte AusfV. KSchVO.

§ 4

(1) In § 19 Abs. 2 Ziff. 11 des Mietengesetzes ist Satz 1 in folgender Fassung anzuwenden:

„die vermieteten Wohnräume nach dem Tode des bisherigen Mieters nicht mehr einem dringenden Wohnungsbedürfnis des Ehegatten oder von Verwandten in gerader Linie, einschließlich der Wahlkinder, oder von Geschwistern des bisherigen Mieters dienen, die schon bisher in gemeinsamem Haushalt [1] mit dem Mieter darin wohnten".

(2) Haben Ehegatten gemeinschaftlich gemietet und stirbt einer von ihnen, so ist der andere berechtigt, das Mietverhältnis unter Einhaltung der gesetzlichen Frist für den ersten zulässigen Termin zu kündigen. Auf eine abweichende Vereinbarung kann sich der Vermieter nicht berufen [2].

1. In ähnlicher Weise sind durch § 6 Abs. 1 Dritte AusfV. KSchVO. hausangehörige Familienmitglieder geschützt.

2. Die gleiche Regelung enthält § 6 Abs. 2 Dritte AusfV. KSchVO.

§ 5

(1) In den Fällen des § 2 dieser Verordnung ist § 19 Abs. 5 des Mietengesetzes entsprechend anzuwenden.

(2) Bei Geschäftsräumen kann das Gericht in den Fällen des § 19 Abs. 5 des Mietengesetzes in entsprechender Anwendung dieser Vorschrift auf Antrag des Mieters, soweit es zum Ausgleich unbilliger Härten erforderlich ist, den Vermieter verpflichten, außer den Übersiedlungskosten eine angemessene Entschädigung für die sonstigen wirtschaftlichen Nachteile zu leisten, die der Mieter durch den Verlust der Räume erleidet[1].

1. Vgl. die gleiche Regelung in § 7 Satz 1 Dritte AusfV. KSchVO.

§ 6

(1) Der Vermieter kann sich auf eine Kündigung, die er vor Inkrafttreten dieser Verordnung[1] für einen nach dem 31. August 1939 liegenden Zeitpunkt ausgesprochen hat, nur[2] berufen, wenn ein wichtiger Grund im Sinne des § 19 des Mietengesetzes vorliegt, es sei denn, daß der Mietgegenstand bereits geräumt ist. Dies gilt entsprechend für Räumungsaufträge, die das Gericht vor Inkrafttreten dieser Verordnung für einen nach dem 31. August 1939 liegenden Zeitpunkt erlassen hat.

(2) In anhängigen Bestandverfahren kann der Vermieter das Vorliegen eines wichtigen Kündigungsgrundes bis zur rechtskräftigen Entscheidung geltend machen. Nimmt der Vermieter die Kündigung oder den Antrag auf Erlassung des Räumungsauftrags zurück, so bedarf er nicht der Zustimmung des Mieters; die Kosten des Verfahrens sind in diesem Falle gegeneinander aufzuheben.

(3) Ist eine Kündigung oder ein Räumungsauftrag der in Abs. 1 bezeichneten Art bereits rechtskräftig wirksam geworden, ohne daß der Vermieter einen wichtigen Grund geltend gemacht hatte, so kann er binnen vierzehn Tagen nach Inkrafttreten dieser Verordnung die Kündigung oder den Antrag auf Erlassung des Räumungsauftrags unter Berufung auf einen bei der ersten Kündigung vorhandenen wichtigen Grund wiederholen. Der frühere Titel wird damit unwirksam.

1. D. h. 7. Sept. 1939, vgl. 3 zu § 8 Dritte AusfV. KSchVO.

2. Übergangsregelung für schwebende Kündigungsverfahren.

§ 7[1]

Die Vorschriften des Mietengesetzes über Kündigungsbeschränkungen und die Vorschriften dieser Verordnung gelten für Pachtverhältnisse und Unterpachtverhältnisse über Räume entsprechend.

1. Übereinstimmend mit § 9 Dritte AusfV. KSchVO. werden die Mietvorschriften auf Raumpachtverhältnisse für entsprechend anwendbar erklärt.

Verordnung über Kündigungsschutz für Miet- und Pachträume im Reichsgau Sudetenland und in den in die Reichsgaue Niederdonau und Oberdonau eingegliederten sudetendeutschen Gebieten*).

Vom 5. September 1939 (RGBl. I S. 1673).

Auf Grund der Verordnung über Kündigungsschutz für Miet- und Pachträume in der Ostmark und im

*) Vgl. hierzu Stagel, DJ. 1939, 1605.

Reichsgau Sudetenland vom 31. August 1939 (Reichsgesetzbl. I S. 1602) und des Artikels 1 der Verordnung über Kündigungsschutz für Miet- und Pachträume vom 28. August 1937 (Reichsgesetzbl. I S. 917) wird folgendes verordnet:

§ 1

(1) Bestimmungen, die die Geltungsdauer und den Anwendungsbereich des Gesetzes über den Schutz der Mieter vom 28. März 1928 (SdGuV. Nr. 44) in der Fassung der Kundmachung vom 24. März 1934 (Sd.-GuV. Nr. 62) beschränken[1], sind hinsichtlich der Vorschriften dieses Gesetzes über die Kündigung (§§ 1 bis 7) nicht anzuwenden.

(2) Zu einer Kündigung, die lediglich auf die Vorschriften im § 1 Abs. 2 Ziffer 10, 12, 13 oder 14 des Gesetzes über den Schutz der Mieter gestützt ist, ist die Bewilligung nur zu erteilen, wenn aus besonderen Gründen ein so dringendes Interesse an der Erlangung des Mietraums besteht, daß auch bei Berücksichtigung der Verhältnisse des Mieters die Vorenthaltung eine schwere Unbilligkeit für den Vermieter darstellen würde[2].

(3) Zur Kündigung eines Untermietverhältnisses ist die gerichtliche Bewilligung nur erforderlich, wenn der Untermieter die Räume ganz oder überwiegend mit Einrichtungsgegenständen ausgestattet hat oder in den Räumen mit seiner Familie eine selbständige Wirtschaft oder Haushaltung führt[3]. Das gleiche gilt für die Kündigung von Unterpachtverhältnissen[4] über Räume.

1. Der Geltungsbereich des Gesetzes über den Schutz der Mieter wird dadurch erweitert, vgl. § 1 Dritte AusfV.-KSchVO. — Anm. 7.

2. Vgl. § 4 Abs. 1 Satz 1 MSchG., Kiefersauer, Mieterschutzrecht, 6. Aufl. S. 50.

3. Vgl. § 2 Abs. 2 Dritte AusfV. KSchVO. — Anm. 6 und 7.

4. Vgl. auch § 7 dieser Verordnung.

§ 2[1]

Werden Räume für kriegswichtige Zwecke benötigt, so ist die Bewilligung zur Kündigung zu erteilen, wenn der Vermieter durch eine Bescheinigung der zuständigen Behörde nachweist, daß er ein überwiegendes Interesse an der Erlangung der Räume hat. Auf Antrag des Vermieters kann das Mietverhältnis mit sofortiger Wirkung für beendigt erklärt werden. Eine Räumungsfrist soll nur gewährt werden, wenn besondere Umstände es dringend geboten erscheinen lassen.

1. Vgl. die Erläuterungen zu § 4 Dritte AusfV. KSch.-VO.

§ 3

Auf ein vertragliches Verbot der Untervermietung[1] kann sich der Vermieter nur berufen, wenn ein wichtiger Grund[2] gegen die Untervermietung vorliegt. Auf Antrag des Mieters entscheidet über die Zulässigkeit der Untervermietung das Amtsgericht im außerstreitigen Verfahren. Gegen die Entscheidung des Amtsgerichts findet binnen acht Tagen der Rekurs statt. Die Entscheidung über den Rekurs ist unanfechtbar.

1. Grundgedanke der Vorschrift ist wie in § 5 Dritte AusfV. KSchVO. die Untervermietung zu erleichtern.

2. Vgl. 2 zu § 5 Dritte AusfV. KSchVO.

§ 4

(1) Ist nach dem Tode des Mieters ein Familienangehöriger in den Mietvertrag eingetreten (§ 6 Abs. 1

Satz 1 des Gesetzes zum Schutze der Mieter), so kann er binnen einer Woche, nachdem er Kenntnis vom Tode des Mieters erlangt hat, dem Vermieter gegenüber die Fortsetzung des Mietverhältnisses ablehnen. In diesem Falle gilt der Eintritt in das Mietverhältnis als nicht erfolgt[1].

(2) Haben Ehegatten gemeinschaftlich gemietet und stirbt einer von ihnen, so kann der andere das Mietverhältnis unter Einhaltung der gesetzlichen Frist für den ersten zulässigen Termin kündigen[2].

1. Vgl. § 6 Abs. 1 Satz 3 Dritte AusfV. KSchVO.

2. Die Regelung entspricht § 6 Abs. 2 Dritte AusfV. KSchVO. mit dem Abmaße, daß abweichende vertragliche Vereinbarungen nicht außer Wirksamkeit gesetzt sind.

§ 5

(1) In den Fällen des § 1 Abs. 2 und des § 2 dieser Verordnung kann das Gericht auf Antrag des Mieters bei der Bewilligung der Kündigung aussprechen, daß der Vermieter dem Mieter nach Räumung des Mietgegenstandes die Übersiedlungskosten in der für einen Umzug innerhalb der Gemeinde erforderlichen Höhe ganz oder teilweise zu ersetzen hat, wennn dies nach den Umständen, insbesondere unter Berücksichtigung der wirtschaftlichen Lage des Vermieters und des Mieters der Billigkeit entspricht[1]. Bei Geschäftsräumen kann das Gericht auf Antrag des Mieters, soweit es zum Ausgleich unbilliger Härten erforderlich ist, den Vermieter verpflichten, außer den Übersiedlungskosten eine angemessene Entschädigung für die sonstigen wirtschaftlichen Nachteile zu leisten, die der Mieter durch den Verlust der Räume erleidet[2].

(2) Die Übersiedlungskosten und die dem Mieter sonst zu leistende Entschädigung sind unter entsprechender Anwendung des § 273 der Zivilprozeßordnung festzusetzen und in der Entscheidung über die Bewilligung der Kündigung anzugeben.

(3 Das Gericht kann, wenn es nach den Umständen der Billigkeit entspricht, auf Antrag des Mieters noch vor der Räumung des Mietgegenstandes durch einstweilige Verfügung die Hinterlegung des zu ersetzenden Betrags oder eines Teiles davon anordnen; der Bescheinigung einer Gefahr bedarf es nicht[3].

1. Entspricht der Regelung in § 4 Abs. 3 MSchG., Kiefersauer, Mieterschutzrecht, 6. Aufl. S. 51.
2. Vgl. § 7 Satz 1 Dritte AusfV. KSchVO.
3. Vgl. § 4 Abs. 6 MSchG.

§ 6

(1) Der Vermieter kann sich auf eine Kündigung, die er vor Inkrafttreten dieser Verordnung[1] für einen nach dem 31. August 1939 liegenden Zeitpunkt ausgesprochen hat, nur[2] berufen, wenn bei der Kündigung die Voraussetzungen vorlagen, unter denen die Bewilligung zur Kündigung nach den Vorschriften des Gesetzes zum Schutze der Mieter oder dieser Verordnung zu erteilen wäre. Dies gilt entsprechend für Räumungsaufträge, die das Gericht vor Inkrafttreten dieser Verordnung für einen nach dem 31. August 1939 liegenden Zeitpunkt erlassen hat.

(2) In anhängigen Bestandverfahren kann der Vermieter das Vorliegen eines wichtigen Kündigungsgrundes bis zur rechtskräftigen Entscheidung geltend machen und die Bewilligung der Kündigung beantragen. In diesem Falle gelten für das weitere Ver-

fahren die Vorschriften des Gesetzes zum Schutze der Mieter. Nimmt der Vermieter die Kündigung oder den Antrag auf Erlassung des Räumungsauftrags zurück, so bedarf er nicht der Zustimmung des Mieters; die Kosten des Verfahrens sind in diesem Falle gegeneinander aufzuheben.

(3) Ist eine Kündigung oder ein Räumungsauftrag der in Abs. 1 bezeichneten Art bereits rechtskräftig wirksam geworden, ohne daß der Vermieter einen wichtigen Grund geltend gemacht hatte, so kann er binnen vierzehn Tagen nach Inkrafttreten dieser Verordnung unter Berufung auf einen bei der Kündigung vorhandenen wichtigen Grund die nachträgliche Bewilligung der Kündigung beantragen. Wird die Bewilligung versagt, so wird der frühere Titel unwirksam.

1. D. h. 7. September 1939, vgl. 3 zu § 8 Dritte AusfV. KSchVO.

2. Übergangsrecht für schwebende Kündigungsverfahren.

§ 7

Der § 7 des Gesetzes zum Schutze der Mieter gilt hinsichtlich der Vorschriften dieser Verordnung entsprechend[1].

1. Es finden also nicht nur die §§ 1 bis 6 des Gesetzes auf Pachtverträge über den Betrieb eines Gewerbes in gemieteten Räumen Anwendung, sondern auch die Bestimmungen dieser Verordnung sind auf diese Pachtverhältnisse entsprechend anzuwenden.

Vierte Verordnung zur Ausführung der Verordnung über Kündigungsschutz für Miet- und Pachträume*).

Vom 26. September 1939 (RGBl. I S. 1944).

Auf Grund des Artikels I der Verordnung über Kündigungsschutz für Miet- und Pachträume vom 28. August 1937 (Reichsgesetzbl. I S. 917)[1] wird folgendes[2] verordnet[3].

1. Kiefersauer, Mieterschutzrecht, 6. Aufl. S. 142.

2. Die Vierte AusfV. KSchVO. bezieht sich lediglich auf die Neuregelung, die das Mieterschutzrecht durch die Dritte AusfV. KSchVO. erfahren hat und beschränkt daher ihren Geltungsbereich gleich der Dritten AusfV. auf das Altreich; sie gilt nicht für die Ostmark und den Reichsgau Sudetenland.

3. Die Verordnung ist im Reichsgesetzblatt Nr. 190 vom 27. Sept. 1939 verkündet und daher am 28. Sept. 1939 in Kraft getreten, § 2 des Gesetzes über die Verkündung von Rechtsverordnungen vom 13. Okt. 1923 (RG.-Bl. I S. 959).

§ 1

Über die sofortige Beschwerde[1] gemäß § 4 Abs. 5, § 6 Abs. 1 und 2, § 13 Abs. 3 des Mieterschutzgesetzes entscheidet während der Geltung[2] der Verordnung über Maßnahmen auf dem Gebiete der Gerichtsverfassung und der Rechtspflege vom 1. September 1939 (Reichsgesetzbl. I S. 1658) das Berufungsgericht. § 11 der Verordnung[3] gilt auch im Verfahren über die sofortige Beschwerde.

---

*) Betrifft nicht die Ostmark und den Reichsgau Sudetenland.

1. Die Zuständigkeit der Landgerichte zur Entscheidung über die **sofortige Beschwerde** — vgl. § 14 Abs. 2 MSchG. (Kiefersauer, Mieterschutzrecht, 6. Aufl. S. 75) und § 7 Satz 2 Dritte AusfV. KSchVO. — ist durch die Verordnung vom 1. Sept. 1939 an sich unberührt geblieben. § 1 Vierte AusfV. KSchVO. dehnt die Zuständigkeit der Oberlandesgerichte auf dem Gebiete des Mietaufhebungsverfahrens auch auf die Entscheidung über die sofortige Beschwerde aus. Diese Regelung, die für den Geltungsbereich des Mieterschutzgesetzes die Entscheidung über Berufung und Beschwerde dem Oberlandesgericht überträgt, war deshalb notwendig, weil nach § 14 Abs. 3 MSchG. beim Zusammentreffen des Rechtsmittels der Berufung und des Rechtsmittels der sofortigen Beschwerde das gleiche Gericht über beide Rechtsmittel zu entscheiden hat. Demgemäß entscheidet nunmehr der gleiche Senat des Oberlandesgerichts über Berufung und sofortige Beschwerde gegen ein Mietaufhebungsurteil. Das Landgericht hat sich mit Mietaufhebungssachen, von der Übergangsregelung des § 9 Satz 2 der Verordnung vom 1. Sept. 1939 abgesehen, nicht mehr zu befassen.

Wegen der Erhöhung der Beschwerdesumme im Falle des § 567 Abs. 2 ZPO. auf 200 *RM* vgl. § 8 dieser Verordnung und oben S. 8.

Beschwerden, die am 28. Sept. 1939 — vgl. Einl. Anm. 3 — bei den Landgerichten bereits eingelegt waren, bleiben entsprechend § 9 Satz 2 der Verordnung vom 1. Sept. 1939 unberührt, d. h. sie sind von den Landgerichten zu entscheiden.

2. Die Verordnung ist zwar am 6. Sept. 1939 in Kraft getreten, für das Beschwerdeverfahren aber erst am 28. Sept. 1939 — Einl. Anm. 3 — wirksam geworden. Nach § 45 bestimmt der Reichsminister der Justiz, wann und in welchem Umfang die Verordnung samt den Durchführungsbestimmungen außer Kraft tritt.

3. § 11 lautet:

Im Verfahren der Oberlandesgerichte über die Berufung gegen eine Entscheidung des Amtsgerichts in bürgerlichen Rechtsstreitigkeiten können auch die

Rechtsanwälte die Vertretung der Parteien übernehmen, die bei dem dem Amtsgericht übergeordneten Landgericht zugelassen sind.

§ 2

(1) Rechtskräftige Entscheidungen der Preisbehörden [1], die auf Grund der Verordnung über Maßnahmen der Preisbehörden bei Kündigungen von Miet- und Pachtverhältnissen vom 19. April 1939 (Reichsgesetzbl. I S. 799) erlassen sind, sind auf Antrag für vollstreckbar zu erklären [2]. Das gleiche [1] gilt für Vergleiche und Verpflichtungserklärungen des Vermieters, die zu Protokoll der Preisbehörde genommen sind. Beruht die Entscheidung, der Vergleich oder die Verpflichtungserklärung auf einer Kündigung, die für einen nach dem 31. August 1939 liegenden Zeitpunkt [3] ausgesprochen ist, so ist dem Antrag nur [4] stattzugeben, wenn durch eine Bescheinigung der Preisbehörde nachgewiesen ist, daß die Entscheidung vor dem 7. September 1939 [5] rechtskräftig geworden ist oder wenn der Vergleich oder die Verpflichtungserklärung vor diesem Zeitpunkt zu Protokoll [6] genommen ist; in diesen Fällen findet § 8 Abs. 1 Satz 1 der Dritten Verordnung zur Ausführung der Verordnung über Kündigungsschutz für Miet- und Pachträume vom 5. September 1939 (Reichsgesetzbl. I S. 1670) keine Anwendung.

(2) Über den Antrag entscheidet das Vollstreckungsgericht (Amtsgericht), in dessen Bezirk die Mieträume liegen.

1. Für Entscheidungen gemäß §§ 1 bis 7 der Verordnung vom 19. April 1939 sind die Behörden der Stadt- und Landkreise auf Grund der Vierten Anordnung über die Wahrnehmung der Aufgaben und Befugnisse des Reichskommissars für die Preisbildung vom

27. Sept. 1937 zuständig, vgl. Kiefersauer, Reichsmietengesetz 6. Aufl. S. 128. Diese Entscheidungen sind für Gerichte und Verwaltungsbehörden bindend, § 8 Kündigungsverordnung, Kiefersauer, Mieterschutzrecht, 6. Aufl. S. 237.

Die Entscheidungen der Preisbehörden in Miet- und Pachtsachen sind grundsätzlich durch eine förmliche Beschwerde nicht anfechtbar und daher mit der Zustellung an die Beteiligten rechtskräftig. Die Einlegung der an keine Frist gebundenen Dienstaufsichtsbeschwerde steht der Rechtskraft solange nicht entgegen, als die Aufsichtsbehörde die Entscheidung nicht aufgehoben oder abgeändert hat. Die DurchfVO. des RfP. vom 24. Juni 1939 — Kiefersauer, Mieterschutzrecht, 6. Aufl. S. 313 — hat gegen die Entscheidungen der Preisbehörden in § 20 ein förmliches Beschwerdeverfahren eingeführt und nach Maßgabe des § 22 auch auf die vor Inkrafttreten der DurchfVO., also vor dem 7. Juli 1939 ergangenen Entscheidungen ausgedehnt. Soweit die Beteiligten von der Übergangsregelung keinen Gebrauch gemacht haben, ist ihnen die Einlegung der Dienstaufsichtsbeschwerde gegen die vor dem 7. Juli 1939 ergangenen Entscheidungen nicht mehr gestattet.

Entscheidungen der Preisbehörden, durch die eine Kündigung für unwirksam erklärt worden ist — vgl. § 6, § 7 Abs. 2 DurchfV. — kommen für die Vollstreckung nicht in Betracht. Eine den Vermieter unmittelbar verpflichtende Entscheidung der Preisbehörde kommt nur ausnahmsweise — vgl. Lampe, DRW. 1939, 1216 — in Frage, nämlich dann, wenn der Mieter bereits vor der Entscheidung über seinen Widerspruch andere Räume gemietet hat; in diesem Fall kann die Preisbehörde nach § 8 Abs. 1 Satz 2 DurchfV. den Vermieter zur Zahlung einer angemessenen Entschädigung und zur Bewilligung einer Räumungsfrist verpflichten. In der Regel aber macht die Preisbehörde dem Vermieter nach diesen beiden Richtungen Vorschläge — § 7 Abs. 1 Satz 3 DurchfV. —, bei deren Annahme der Widerspruch des Mieters gegen die Kündigung zurückzuweisen ist, § 8 Abs. 2 DurchfV. Die Erklärung des Vermieters über die Annahme der von der Preisbehörde vorgeschlagenen Entschädigung des Mieters ist ebenso wie ein vor der Preisbehörde abgeschlossener Vergleich — vgl. hierzu auch Ziffer 23 RE. 66/39 vom 8. Juli 1939, Kiefersauer, Mieterschutzrecht, 6. Aufl. S. 314 — zu Protokoll der Preisbehörde zu nehmen, § 19 Abs. 1 DurchfV.; Kiefersauer a. a. O. S. 327.

Die Entscheidung der Preisbehörde, durch die eine Verpflichtung des Vermieters zur Entschädigung gemäß § 8 Abs. 1 Satz 2 DurchfV. festgesetzt wird, die Verpflichtungserklärung des Vermieters entsprechend dem Vorschlag der Preisbehörde sowie der vor der Preisbehörde abgeschlossene Vergleich sollen nach § 19 Abs. 3 DurchfV. einen selbständigen Vollstreckungstitel bilden, obgleich die Entscheidung, die Verpflichtungserklärung usw. keinen Ausspruch über ihre Vollstreckbarkeit enthält. Diesem Mangel wird durch § 2 dadurch abgeholfen, daß die **Vollstreckbarerklärung** dieser Entscheidungen und Verpflichtungen ermöglicht und damit die Voraussetzung für ihre Vollstreckbarkeit geschaffen wird.

2. Die Entscheidung über den Antrag auf Vollstreckbarerklärung steht dem Amtsgericht des belegenen Grundstücks als Vollstreckungsgericht zu, Abs. 2. Das Vollstreckungsgericht muß dem Antrag entsprechen, bei Kündigungen für einen vor dem 1. Sept. 1939 liegenden Zeitpunkt ohne weiteres, bei Kündigungen für einen nach dem 31. Aug. 1939 liegenden Zeitpunkt nur unter den weiteren Voraussetzungen des Satzes 3.

Die Prüfungspflicht des Vollstreckungsgerichts erstreckt sich im allgemeinen darauf, ob die Entscheidung vor dem 7. Sept. 1939 erlassen, sowie ob und wann sie rechtskräftig geworden ist, wann die Verpflichtungserklärung des Vermieters vor der Preisbehörde abgegeben und wann der Vergleich abgeschlossen worden ist. Etwaige Vorbehalte der Erklärungen sind hinsichtlich ihrer Rechtswirkung zu prüfen.

Unabhängig von der Vollstreckbarerklärung bleibt die Durchführung der Vollstreckung, für die die Vorschriften des Art. 6 der Verordnung über Maßnahmen auf dem Gebiete des bürgerlichen Streitverfahrens, der Zwangsvollstreckung, des Konkurses und des bürgerlichen Rechts vom 1. Sept. 1939 (RGBl. I S. 1656) — Beschränkungen der Zwangsvollstreckung — maßgebend sind; vgl. 4 zu § 8 Dritte AusfV. KSchVO.

3. Nach § 8 Abs. 1 Satz 1 Dritte AusfV. KSchVO. gilt grundsätzlich — der Fall der durchgeführten Räumung ist ausgenommen — die Ausdehnung des Mieterschutzgesetzes auch für Mietverhältnisse, deren Kündigung zwar vor dem Inkrafttreten der Dritten AusfV. KSchVO., d. h. dem 7. Sept. 1939, aber für einen nach dem 31. August 1939 liegenden Zeitpunkt ausgesprochen worden ist. Satz 3 schränkt die Ausdehnung des Mieterschutzes beim Vorliegen rechtskräftiger Entscheidungen und Verpflichtungen ein, macht aber die Vollstreckbarerklärung von bestimmten Nachweisen abhängig.

Die bis zum 7. Sept. 1939 noch nicht rechtskräftig entschiedenen oder noch nicht verglichenen Fälle können nicht vollstreckt werden. Der Vermieter muß, wenn der Mieter nicht freiwillig die Räume herausgibt, die Mietaufhebungsklage erheben; er kann aber nach § 8 Abs. 1 Satz 2 Dritte AusfV. KSchVO. die Aufhebung des Mietverhältnisses für den Zeitpunkt verlangen, für den die Kündigung ausgesprochen war.

4. Ohne Nachweis dieser Tatsachen durch die Preisbehörde keine Vollstreckbarerklärung. Es verbleibt bei der Ausdehnung des Mieterschutzes gemäß § 8 Abs. 1 Satz 1 Dritte AusfV. KSchVO.; der Vermieter ist trotz der Kündigung gezwungen, die Aufhebung des Mietverhältnisses im Wege des Aufhebungsverfahrens durchzuführen.

5. Tag des Inkrafttretens der Dritten AusfV. KSchVO. vgl. 3 zu § 8 Dritte AusfV. KSchVO.

6. Vgl. § 19 Abs. 1 DurchfV., Kiefersauer, Mieterschutzrecht, 6. Aufl. S. 327.

§ 3

§ 6 Abs. 1 der Dritten Verordnung zur Ausführung der Verordnung über Kündigungsschutz für Miet- und Pachträume vom 5. September 1939 (Reichsgesetzbl. I

S. 1670) gilt nicht[1], wenn sich das Mietverhältnis auf Geschäftsraum[2] bezieht oder wenn einer der Familienangehörigen[3] Erbe des Mieters ist.

1. Die nahen Familienangehörigen, d. h. der Ehegatte des Erblassers, die Eltern und Großeltern, die volljährigen Kinder und Enkel sowie die volljährigen Geschwister des Erblassers, die mit ihm zuletzt an dem gemeinsamen Haushalt teilgenommen haben, treten in das zwischen dem Erblasser und dem Vermieter beim Tode des Mieters bestehende Mietverhältnis auf Grund des § 6 Abs. 1 Dritte AusfV. KSchVO. nicht ein, wenn sie erbberechtigte Familienangehörige sind. Als solche sind sie gegenüber der Kündigung des Vermieters bereits durch § 19 Abs. 1 Satz 2 MSchG. geschützt; insoweit bedeutet § 3 lediglich die Klarstellung einer bereits bisher gegebenen Rechtslage, vgl. 3 zu § 6 Dritte AusfV. KSchVO. Der **Ausschluß** der nichterbberechtigten Familienangehörigen durch erbberechtigte Angehörige stellt dagegen eine seit 28. Sept. 1939 geltende Neuregelung dar, vgl. unten 3.

Daß der Eintritt der nichterbberechtigten Familienangehörigen in das Mietverhältnis bei **Geschäftsräumen** ausgeschlossen ist, wird durch § 3 klargestellt. Aus der Nichtanwendung des § 19 Abs. 1 Satz 2 MSchG. auf Geschäftsräume konnte bereits gefolgert werden, daß, wenn schon die erbberechtigten nahen Familienangehörigen dem Vermieter von Geschäftsräumen gegenüber einen Mieterschutz nicht hatten, ein Eintritt nicht erbberechtigter Familienangehöriger in das Mietverhältnis nicht in Frage kommen konnte. Diese Schlußfolgerung fand eine weitere Stütze in der Fassung des § 19 MSchG. (Gesetz vom 1. Juni 1923); hier war die Regelung des Abs. 2 auf Mietverhältnisse, die sich lediglich auf Geschäftsräume beziehen, in Abs. 4 ausdrücklich als nicht anwendbar erklärt, vgl. 1 zu § 6 Dritte AusfV. KSchVO. Diese aus dem Zusammenhang mit der Rechtsentwicklung gewonnene Erkenntnis stellt § 3 als geltenden Rechtssatz ausdrücklich fest.

Ergänzend sei in diesem Zusammenhang nochmals darauf hingewiesen, daß die Vorschrift des § 6 Abs. 1 über den Eintritt naher Familienangehörigen in das Mietverhältnis für **Pacht- und Unterpachtverhältnisse über Räume** nicht gilt, § 9 Dritte AusfV. KSchVO.

2. Geschäftsräume im Sinne dieser Vorschriften sind nicht nur die reinen Geschäftsräume, sondern auch die sog. Mischräume, vgl. Kiefersauer, Mieterschutzrecht, 6. Auf. S. 95, 96. Erbberechtigte Familienangehörige im Sinne des § 19 Abs. 1 Satz 2 MSchG. genießen dem Vermieter von Geschäftsräumen gegenüber keinen Kündigungsschutz. Dagegen ist dem Vermieter das Kündigungsrecht versagt, wenn der Erbe oder die Erben des Mieters das Geschäft fortführen, § 19 Abs. 2 Satz 2 MSchG. Auf das Verwandtschaftsverhältnis des Erblassers kommt es hierbei nicht an.

3. In Betracht kommen nur **Familienangehörige** der in § 19 Abs. 1 Satz 2 MSchG. bezeichneten Art, die beim Tode des Mieters zu dessen Hausstand gehören. Sind diese Familienangehörigen, gleichviel ob auf Grund Gesetzes, durch Testament oder Erbvertrag zur Erbfolge berufen, so sind sie als Erben gegen die Kündigung des Vermieters durch § 19 Abs. 1 Satz 2 MSchG. geschützt. Ein Eintritt in das Mietverhältnis auf Grund des § 6 Abs. 1 Dritte AusfV. KSchVO. kommt für sie nicht in Betracht, vgl. oben 1.

Darüber hinaus erweitert § 3 diesen Rechtsgrundsatz des Vorrechts der Erbberechtigung dahin, daß allein das Vorhandensein eines einzigen erbberechtigten nahen Familienangehörigen die übrigen nicht erbberechtigten Familienangehörigen von dem Eintritt in das Mietverhältnis gemäß § 6 Abs. 1 Dritte AusfV. KSchVO. ausschließt. Das Vorrecht des Familienangehörigen als Erben besteht auch dann, wenn er nicht Alleinerbe ist, sondern Miterbe mit anderen Erben, die nicht dem bevorzugten Kreis der Familienangehörigen zuzurechnen sind. Der Vermieter kann das Mietverhältnis, bei dem an Stelle des verstorbenen Mieters die Erbengemeinschaft getreten ist, gemäß § 19 Abs. 1 Satz 2 MSchG. nicht aufkündigen, wenn auch nur ein Miterbe zu den nahen Familienangehörigen zählt, weil er nur sämtlichen Miterben gegenüber kündigen kann, vgl. 3 zu § 6 Dritte AusfV. KSchVO.

Die Anerkennung des Vorrechts der Erbberechtigung bei den nahen Familienangehörigen ist nichts anderes als die Anerkennung des Grundsatzes, daß die Gesamtrechtsnachfolge grundsätzlich der Einzelnachfolge vorgeht, m. a. W., daß der Erbe als Gesamtrechtsnachfolger des verstorbenen Mieters in die Rechte und Pflichten des Mieters auch dann eintritt, wenn, wie im Falle des § 6 Abs. 1 Dritte AusfV. KSchVO. kraft positiven Rechtssatzes, eine Einzelnachfolge in das Mietverhältnis eintritt. Der Erbe wird durch diese Regelung nicht etwa von der Rechtsnachfolge in das Mietverhältnis ausgeschlossen — so Rexroth, DJ. 1939, 1552 —, sondern es besteht ein Doppelmietverhältnis, wie 3 zu § 6 Dritte AusfV. KSchVO. ausgeführt ist. Die Rechte des Erben an dem Mietverhältnis werden durch den Eintritt der Verwandten nicht beseitigt, sondern lediglich hinsichtlich der Ausübung des Mietgebrauchs beschränkt. Die Rechtsstellung des Erben als solchen ist hinsichtlich der Rechte und Pflichten aus dem Mietverhältnis nicht erschüttert. Es wird im Gegenteil die Unversehrtheit dieser Rechtsstellung vorausgesetzt, wenn § 3 innerhalb des Kreises der nahen Familienangehörigen dem Erben die Vorzugsstellung eingeräumt wird. Für die Rechtsstellung des Erben ist aber das Vorhandensein oder Nichtvorhandensein eines Verwandtschaftsverhältnisses zum Erblasser ohne Bedeutung. Deshalb kann der „Dritte" — ohne Verwandtschaftsverhältnis zum Erblasser — als Erbe des Mieters durch den Eintritt von nichterbberechtigten Familienangehörigen in das Mietverhältnis von der Gesamtrechtsnachfolge in das Mietverhältnis ebensowenig ausgeschlossen werden wie der erbberechtigte Familienangehörige. Minderjährige Kinder z. B. treten als Erben ihres Vaters in das Mietverhältnis ein, trotzdem sie selbst nicht den Kündigungsschutz des § 19 Abs. 1 Satz 2 M.-SchG. genießen; sind sie neben ihrer Mutter, der Ehefrau des Mieters, erbberechtigt, so genießen sie unter dem Gesichtspunkt des einheitlichen Mietverhältnisses mit ihr den ihr an sich allein zustehenden Schutz gemäß § 19

Abs. 1 Satz 2 MSchG. Diese Rechtslage gilt, obwohl — oder gerade weil — sie „Dritte", d. h. — wegen ihrer Minderjährigkeit — nicht nahe Verwandte im Sinne des § 19 Abs. 1 Satz 2 MSchG. und Erben des Mieters sind. Würde ihre Rechtsnachfolge in das Mietverhältnis durch nahe Verwandte ausgeschlossen sein, so wäre ihre Erbberechtigung hinsichtlich des Mietverhältnisses beseitigt und eine Erbengemeinschaft zwischen den minderjährigen Kindern und der Mutter bestünde hinsichtlich des Mietverhältnisses nicht, eine Ausdehnung des Schutzes aus § 19 Abs. 1 Satz 2 MSchG. käme für die Kinder nicht in Frage.

Verordnung über den Kündigungsschutz von Kleingärten.

Vom 27. September 1939 (RGBl. I S. 1966).

Auf Grund des Gesetzes über einstweilige Maßnahmen zur Ordnung des deutschen Siedlungswesens vom 3. Juli 1934 (Reichsgesetzbl. I S. 568) in Verbindung mit dem Erlaß über das Siedlungs- und Wohnungswesen vom 4. Dezember 1934 (Reichsgesetzbl. I S. 1225) wird verordnet:

§ 1

(1) Pachtverträge [1] über kleingärtnerisch genutztes Land [2] dürfen [3] vom Verpächter [4] nicht gekündigt [5] werden. Bereits [3] ausgesprochene Kündigungen sind rechtsunwirksam, wenn die Räumung des verpachteten Geländes im Zeitpunkt des Inkrafttretens dieser Verordnung noch nicht durchgeführt ist. Durch Zeitablauf [6] endende Pachtverträge gelten als auf unbestimmte Zeit verlängert.

(2) § 3 Abs. 2[5] und § 5 Abs. 3 Satz 2[7] der Kleingarten- und Kleinpachtlandordnung vom 31. Juli 1919 (Reichsgesetzbl. S. 1371) treten bis auf weiteres außer Kraft.

(3) Die nach dem Kleingartenrecht zuständige höhere Verwaltungsbehörde kann Ausnahmen von der Vorschrift des Abs. 1 vor allem[8] bei Inanspruchnahme von Kleingartenland für Zwecke der Reichsverteidigung[9] zulassen, wenn die Kleingärtner geeignetes Ersatzland und eine angemessene Entschädigung[10] erhalten.

(4) Streitigkeiten, die sich aus der Anwendung dieser Verordnung ergeben, werden von der höheren Verwaltungsbehörde unter Ausschluß des Rechtsweges endgültig[11] entschieden.

1. Nach § 3 Abs. 1 Satz 2 der Kleingarten- und Kleinpachtlandordnung (KGO.) gelten die Kündigungsbeschränkungen der KGO. auch für **Leihverträge** mit der Maßgabe, daß diese Leihverträge auf Verlangen des Verleihers in Pachtverträge umzuwandeln sind. Das gleiche gilt für Leihverträge, die auf bestimmte Zeit abgeschlossen sind. Insoweit wird die entgeltliche und die unentgeltliche Grundstücksüberlassung gleich behandelt. Die Überlassung erfolgt „zum Zwecke nichtgewerbsmäßiger gärtnerischer Nutzung" (§ 1 KGO.), ist also bei entgeltlicher Überlassung immer **Pacht**, vgl. Staudinger-Kiefersauer, Vorbem. 9 zu § 581 BGB.

2. Durch das Gesetz zur Ergänzung der Kleingarten- und Kleinpachtlandordnung vom 26. Juni 1935 (RGBl. I S. 809) ist die KGO. auch auf solchen Kleingärten ausgedehnt worden, in denen bei Inkrafttreten des Erg.-Ges., d. h. am 1. Juli 1935, Lauben ständig zu Wohnzwecken benutzt werden. Die Raumnutzung dieser **Dauerwohnlauben** ist daher nach der KGO. und demgemäß auch nach dieser Verordnung zu beurteilen; die Ausdehnung des Mieterschutzgesetzes kommt für diese Art der Raumnutzung nicht in Frage.

Wann eine ständige, nicht nur vorübergehende Benutzung zu Wohnzwecken vorliegt, muß nach den Umständen des Einzelfalles beurteilt werden. Die kleingärtnerische Nutzung muß im übrigen den überwiegenden Zweck der Grundstücksüberlassung darstellen. Inhaber von Dauerwohnlauben hatten den Kündigungsschutz des § 3 ErgG. nur, wenn die Laubenbesitzer die Laube vor dem 31. März 1935 bezogen hatten und wenn sie sich keine andere Unterkunft zu angemessenen Bedingungen beschaffen konnten.

3. Die **verbotene Kündigung** ist gemäß § 134 BGB. nichtig. Das gilt nicht nur für die nach dem Inkrafttreten dieser Verordnung (§ 2) ausgesprochene Kündigung, sondern auch für alle bereits vor dem 30. Sept. 1939 ausgesprochenen Kündigungen, es sei denn, daß die Räumung des Grundstücks — oben 2 — zu diesem Zeitpunkt bereits durchgeführt ist. Der Unwirksamkeit der Kündigung steht nicht entgegen, daß die untere Verwaltungsbehörde vor dem 30. Sept. 1939 auf Grund des § 4 Abs. 1 KGO. die Kündigung für wirksam erklärt hatte.

Ausnahmen von diesem Grundsatz kann im Einzelfall die höhere Verwaltungsbehörde gemäß Abs. 3 anordnen; die Kündigung kann also für wirksam erklärt werden.

4. Das Verbot der Kündigung gilt auch bei unentgeltlicher Grundstücksüberlassung; doch kann der Verleiher die Umwandlung des Leihvertrags in einen Pachtvertrag verlangen, oben 1. Das Kündigungsrecht des Pächters (Entleihers) bleibt durch diese Verordnung unberührt.

5. Die **Kündigung**, d. h. die einseitige Vertragsauflösung bei Pacht- und Leihverhältnisse, die **auf unbestimmte Zeit** abgeschlossen sind, ist dem Verpächter (Verleiher) untersagt. Auch das Vorliegen eines wichtigen Grundes berechtigt den Verpächter (Verleiher) nicht zur Kündigung; die entsprechende Bestimmung des § 3 Abs. 2 KGO. ist durch Abs. 2 bis auf weiteres außer Kraft gesetzt. Die vertragliche Auflösung des Pachtverhältnisses steht den Beteiligten frei.

6. Pacht- und Leihverhältnisse, die **auf bestimmte Zeit** abgeschlossen sind, sind gemäß § 3 Abs. 1 Satz 3 KGO. nach Ablauf der Zeit auf Verlangen des Pächters (Entleihers) zu erneuern; das Leihverhältnis ist im Falle der Erneuerung auf Verlangen des Verleihers in ein Pachtverhältnis umzuwandeln. Nach Inkrafttreten dieser Verordnung (§ 2) bedarf es nicht mehr der Erneuerung des Pacht- oder Leihverhältnisses: nach Abs. 1 Satz 3 werden diese Rechtsverhältnisse nach ihrem vertragsmäßigen Ablauf kraft Gesetzes in Pacht- (Leih-) verhältnisse auf unbestimmte Dauer **umgewandelt**, für die das Kündigungsverbot des Abs. 1 Satz 1 gilt.

Über die Abart der Miete auf bestimmte Zeit, die Miete auf bestimmte Zeit mit Verlängerungsklausel, vgl. Kiefersauer, Mieterschutzrecht, 6. Aufl. S. 172, 193.

7. Nach § 5 Abs. 2 KGO. kann in bestimmten Fällen die untere Verwaltungsbehörde die Eigentümer oder Nutznießer geeigneter Grundstücke auffordern, sie an Anstalten, Unternehmungen und Körperschaften des öffentlichen Rechts zur Nutzung durch Kleingärtner zu überlassen. Kommt eine Einigung zwischen den Beteiligten nicht zustande, so kann die Behörde die Bedingungen des Pachtverhältnisses festsetzen (Zwangspacht). Nach Abs. 3 Satz 2 kann die Verwaltungsbehörde weiterhin das Pachtverhältnis, wenn es auf eine bestimmte Zeit festgesetzt ist, aus wichtigen Gründen bereits zu einem früheren Zeitpunkt aufheben; diese Befugnis ist der Behörde nach dem Inkrafttreten dieser Verordnung (§ 2) bis auf weiteres entzogen.

8. Die Befugnis der höheren Verwaltungsbehörde zur Ausnahmeregelung ist eine allgemeine, wenn ein öffentliches Interesse vorliegt. Diesem gegenüber müssen die Belange der Kleingartenlandpächter zurücktreten. In der Regel sind die Kleingärtner durch geeignetes Ersatzland und eine angemessene Barleistung zu entschädigen. Trotz des entgegenstehenden Wortlautes des Abs. 3 wird in allen Fällen, in denen geeignetes Ersatzland nicht zur Verfügung steht, die Beendigung des Pachtverhältnisses bei vorliegendem öffentlichen Interesse nicht verweigert werden können; dabei wird als Ausgleich gegebenenfalls die Barentschädigung in angemessenem Umfang erhöht werden müssen.

9. Der Begriff „Zwecke der Reichsverteidigung" entspricht den „kriegswichtigen Zwecken" im Sinne des § 4 Dritte AusfV. KSchVO., vgl. Anm. 1 zu dieser Vorschrift.

10. Die Entschädigung muß angemessen sein. Die Entschädigung soll einen Ausgleich gewähren für die Aufwendungen des Kleingärtners, die er für das bisherige Grundstück zum Zwecke der gärtnerischen Nutzung gemacht hat und für die Aufwendungen, die ihm für das neue Gartenland und die Umsiedlung entstehen. Zum Begriff der „angemessenen Entschädigung" vgl. Kiefersauer, Grundstückverkehrsrecht, 2. Aufl., 1 und 5 zu § 10 Städtebaugesetz.

11. Die höhere Verwaltungsbehörde ist endgültig zur Entscheidung berufen; soweit sie daher gemäß Abs. 3 Ausnahmen zuläßt, ist diese Entscheidung mit Beschwerde nicht anfechtbar. Der Rechtsweg ist ausgeschlossen.

§ 2

Diese Verordnung tritt mit dem Tage[1] ihrer Verkündung in Kraft.

1. D. i. 30. September 1939.

Sachverzeichnis

Die Zahlen bedeuten die Seiten